经济寒冬怎么过

韩秀云 著

中信出版集团｜北京

图书在版编目（CIP）数据

经济寒冬怎么过 / 韩秀云著 . -- 北京：中信出版社，2023.3
ISBN 978-7-5217-5426-1

Ⅰ.①经… Ⅱ.①韩… Ⅲ.①世界经济－经济发展趋势－研究 Ⅳ.①F113.4

中国国家版本馆 CIP 数据核字（2023）第 033547 号

经济寒冬怎么过
著者：　韩秀云
出版发行：中信出版集团股份有限公司
　　　　　（北京市朝阳区东三环北路 27 号嘉铭中心　邮编 100020）
承印者：　北京盛通印刷股份有限公司

开本：880mm×1230mm 1/32　印张：8　字数：136 千字
版次：2023 年 3 月第 1 版　印次：2023 年 3 月第 1 次印刷
书号：ISBN 978-7-5217-5426-1
定价：69.00 元

版权所有·侵权必究
如有印刷、装订问题，本公司负责调换。
服务热线：400-600-8099
投稿邮箱：author@citicpub.com

目录

前言 VII

第1章 美俄博弈，经济寒冬

俄乌冲突对全球经济的影响 003

俄乌关系紧张，金价上涨 006

金融制裁的代价 008

美俄博弈：石油、金融 011

金砖五国其他四国一致：不制裁俄罗斯 013

石油输出国，不买美国账 016

冻结俄罗斯资产，瑞士后悔了 018

制裁俄罗斯，给了中国机会 021

美欧冻结俄罗斯资产　023

没了俄罗斯稀土，美欧怎么办　026

化肥制裁对我国的影响　028

中国的储备粮多吗？　031

美俄之争：阿拉斯加之痛　033

第2章　能源短缺，席卷全球

全球性能源短缺　039

高价天然气对我国的影响　041

欧洲天然气价格剧烈震荡　044

北溪二号被炸，影响几何　046

俄罗斯背水一战，欧洲饥寒交迫　049

英国贫民拒吃土豆　052

多地拉闸限电，我国电力为何紧缺　054

高温席卷欧洲，为何不装空调　056

四川太热了　059

俄罗斯切断天然气，欧洲还能撑多久　061

第 3 章　美国加息，通胀来了

美国通胀了，中国怎么办　067

俄乌冲突对全球通胀的影响　069

美联储加息了，中国如何应对　072

欧洲、日本加息吗？　074

斯里兰卡破产　079

美国大幅加息，对中国有何影响　081

通货膨胀，"劫贫济富"　084

美联储又加息了：鱼和熊掌不可兼得　086

日本还能撑多久　088

英国金融大地震　091

持续加息，美国还能撑多久　094

强势的美元为什么割不动中国　096

第 4 章　人民币和美元，谁会赢

人民币国际化，对普通人的影响　101

石油人民币悄悄上路　103

用人民币买俄罗斯天然气　105

各国为何去美元化　107

美日意法德，会欠债不还吗？　111

美国能印钱，为何仍负债 30 万亿美元？　113

我国为何抛美债买黄金　116

多国从美国运回黄金　120

黄金怎么不避险了　122

人民币和美元，谁会赢？　124

第 5 章　美国围堵升级

美国为何围堵中国　129

新疆棉花惹了谁？　132

中美粮食战，惊心动魄　134

我国产小麦，为何还从俄罗斯进口？　137

中美新能源之争　139

美国《芯片和科学法案》　142

围堵升级：美国挑起网络战　146

第6章 中国逆势崛起

我国的地铁、高铁和高速公路　153

中国第三艘航母下水　157

北斗卫星导航与GPS　160

我国为何要建空间站　163

航天育种知多少　167

国产大飞机来了　170

中国特高压　173

中国锂电池的逆袭　176

三沙市：我国最南端的年轻城市　180

第7章 楼市还要跌多久

楼市风向变了吗？　187

买房谨防变成负资产　191

我国房价谁说了算　193

房子卖不动，为什么还限购？　197

买房该注意什么？　199

金融危机时，持有现金还是持有房产？　203

谁该为烂尾楼买单？　205

房贷要不要提前还？　207

第 8 章　如何度过经济寒冬

政府救市，可以发钱吗？　213

国家为何要救汽车行业　216

5 家央企巨头从纽交所退市　218

存钱越久，利率越低　221

我国利率又降了，钱还存银行吗？　223

银行为何会变得反常　226

地方财政之困　228

警惕罚款冲动　230

城投债违约潮　233

中国的突围之路　236

后记　241

前言

2023年开启了，我们处在经济寒冬中。

从2020年开始，各国都在防控新冠病毒感染。两年后，俄乌冲突爆发。

回顾历史，战争和瘟疫总是相辅相成。1918年的大流感让第一次世界大战草草收场。这次疫情让各国经济陷入困境。俄乌开战，美欧国家制裁俄罗斯，引发了美俄冲突、俄欧冲突、中美冲突。爆发的能源危机、粮食危机、通胀危机和美国加息，把全球经济带入寒冬。如何度过这场寒冬，对国家和个人来说都是一场巨大的考验。

本书分析了美俄大国博弈，能源和粮食危机，美国大幅加息，人民币和美元谁会赢，美国在军事上、科技上、人民币汇率上围堵中国，中国在航天、航空、太空站、北斗导航、航母舰队上逆境崛起。我国面临的难题是：楼市还将跌多久，经济还会冷多久，我们如何度过寒冬。这是一本浅显易懂的书，无论文化高低、学识深浅，相信你都能读懂它。

这场寒冬还要持续多久，我们不得而知。但我们知道的是，如果疫情和战争不停止，寒冬就不会结束。看看欧洲有多惨：没有能源，缺少粮食，经济要倒退很久。美国也好不到哪里去，物价高涨，利率提高到4.5%还没有控制住通货膨胀，美国人这个冬天就更难过了。东南亚像越南、菲律宾等国也都困难重重。

当今世界，没有哪个国家敢说自己不处在寒冬中。俄罗斯雪上加霜，印度也无法置身事外，英国就更别提了。举目望去，全球经济都处在瑟瑟寒冬中。20世纪30年代的"大萧条"至今让人记忆犹新。近年来的新冠病毒感染疫情和俄乌冲突导致全球经济寒冬，人们担忧的是：接下来会爆发楼市、股市、债券市场和金融危机吗？

目前各行各业都不景气，互联网大厂也经历了裁员潮。经济形势不好，科技企业更不景气。谁都不清楚明天是否还有工作，会不会被裁员，工作没了怎么办，也不知道自己的公司还能坚持多久。但过冬需要取暖和食品，需要工作和收入，需要挣钱养家糊口。

寒冬对富人的影响是有钱无处投资,对中产阶层的影响是返贫,对穷人的影响是找不到工作。眼下全球处在经济萧条、通货膨胀、工资下降、消费低迷之中。寒冬会冻死一批人,也会饿死一批人。

2009年有个美国电影《后天》,是一部大型灾难片。纽约突发洪水海啸,气候突变,忙着跑路的人因为暴风雪太大都被冻死饿死在路上。那些藏在图书馆里的人幸存下来,他们保存了体力,靠着烧书等来了救援。电影表现的是自然界寒冬,眼下我们面临的是经济寒冬,这里有行业寒冬、企业寒冬、个人寒冬。我们要认清形势,坚守岗位,穿好棉衣度过寒冬。

衷心希望2023年世界和平,疫情远离,经济回暖。作为个人,我们不能左右宏观经济的走势,但我们可以管好自己。千万别贸然辞职,没准备好也不要投资创业。企业要认清形势,保持现金流,选对赛道。相信这场寒冬终将过去,千万别倒在黎明前。

第 1 章

美俄博弈，经济寒冬

俄乌冲突对全球经济的影响

2022年2月24日,俄罗斯和乌克兰冲突爆发了。谁都没想到会这么快,全球的资本和商品市场都受到了剧烈冲击,俄罗斯大盘指数一度下跌了50%,欧洲主要股市、中国A股和港股都未能幸免;大宗商品价格却悉数上涨,纽约原油价格大涨了9%。

实际上,这场冲突带来的影响远不止股市的暴跌,它对全球的经济形势和人们的生活都有深刻影响。先来说全球的经济形势。作为交战双方的俄乌受影响最大。对俄罗斯的影响主要体现在,它会遭受严重的经济制裁,如资本封锁、商品封锁等。俄罗斯经济的支柱是石油、天然气等大宗商品出口,由于战争影响,石油和天然气商品纷纷涨价,暂时有利于俄罗斯的经济,因此,俄罗斯实际上受到的冲击不会有美国期望的那么大。

乌克兰恐怕就会悲观一些了。乌克兰是重要的粮食出口国，粮食运输靠海运，在军事冲突下，海运会被波及甚至被迫暂停。据我国央视报道，乌克兰排名前100的富豪跑了96个。乌克兰是典型的寡头经济，如果局势持续动荡，大富豪的逃离就会加剧乌克兰经济的脆弱性。早在冲突爆发前，乌克兰就出现了较为严重的通货膨胀，2022年1月，乌克兰主要食品价格上涨了20%，食用油涨幅达到26%。冲突爆发后，乌克兰货币大幅贬值，传导至商品价格，加剧了通胀，乌克兰人的日子更加难过了。

对欧洲各国来说，俄乌冲突带来了能源市场的动荡。欧洲天然气主要来自俄罗斯，而俄罗斯的输气管道有1/3要经过乌克兰。俄乌冲突升级，在短期内会导致油价和天然气价格上涨，欧洲人的生活成本提高。从长期来看，在美国的强势干预下，欧洲会逐渐减少俄罗斯能源的进口额，转而向美国寻求能源供给，但将美国天然气运到欧洲要靠船，运输成本远高于管道运输，这样一来，欧洲这个冬天会很冷，它们会遭遇天然气的供给难题。

俄乌冲突对中国的影响利弊共存。有利方面除了新能源，更多体现在人民币出海上。2022年2月14日，人民币汇率突然走强，一度涨到 1 美元兑 6.368 1 元人民币，创下了 2018 年 5 月以来的新高。随着战争的临近和爆发，人民币成为避险资产，有国际机构担心欧美发动金融制裁，俄罗斯企业或跟俄罗斯进行贸易的他国企业，都有减持美元、欧元，增持人民币的需求。

不利方面同样明显，最直接的就是能源价格和粮食价格。在能源方面，我国是能源进口国，2021 年石油对外依存度为 72%，天然气为 45%，国际能源价格的上涨会推高国内能源成本；在粮食方面，我国有 30% 的玉米主要靠从乌克兰进口，这部分玉米能否正常供应是个问题，即使能正常供应，其价格也会大大提高，2022 年 1 月到 2 月，国际玉米价格已经涨了 20%。

回到国人的生活，俄乌冲突的影响难以避免。如汽油价格，未来大概率会继续上调。但在粮食安全方面我们不必担心，虽然来自乌克兰的粮食进口会受到影响，但国际上卖家很多，而我国一直多元化进口粮食，不过粮价会有所提高，这与国际期货价格绑定。对养殖户的影响则会放大，因为生猪供给加大，猪肉价格已跌到成本线以下，饲料在养殖成本中占比 75% 左右，饲料中 60%~70% 是玉米，可见玉米对养殖的重要性，对养殖户来说，2022 年更加艰难。

俄乌关系紧张，金价上涨

俄乌冲突爆发后，全球市场开始动荡不安。各国都开始大规模避险，总有战争不确定性的消息传来，导致人们情绪紧张且担忧。投资者正以最快的速度把资金从风险资产中撤出来，去抢购黄金，导致金价大幅冲高。

有人判断，人们无休止地买入黄金，金价可能要涨到 2 000 美元 1 盎司。而早在 2020 年，金价就冲到了 2 000 美元 1 盎司。世界黄金协会最新公布的数据显示，受外部因素冲击，2021 年全球央行大幅购买了 463 吨黄金，较 2020 年增加了 82%，比最近 5 年平均水平高出 39%，这使得全球央行黄金储备总量达到近 30 年来的最高水平。预计未来有 21% 的全球央行会继续购买黄金。

更有甚者，荷兰央行 2022 年 2 月 23 日在其网站上暗示说，黄金还可以作为再次建立货币系统的基础，以防止美元系统崩溃，这种言论让市场感到意外。难道荷兰央行还要恢复金本位制吗？金本位制是指发行货币的背后用黄金做储备。历史上曾经出现过英镑金本位和美元金本位。后来由于经济的发展，黄金的数量远远赶不上纸币的数量，黄金就退出了流通领域，不再作为货币存在，只保留了黄金的消费功能和储备功能，其中最重要的是黄金的避险功能。

目前世界上有两种不确定性风险：一是2020年外部因素带来的风险，导致黄金暴涨到2 000美元1盎司；二是俄乌冲突导致黄金又开始涨价。在外部因素和战争的情况下，黄金在货币金融系统中依然能起到安全锚的作用。比如，船舶在航行时遇到8级以上的大风浪，船要躲进避风港，放下船锚避过风浪，否则有可能会翻船。黄金就是安全锚。所以，俄乌冲突让黄金再次为人们所重视，成为货币背后的支撑。

中国对黄金市场的消费需求不断攀升。据瑞士海关数据显示，2021年1月至12月，瑞士对中国市场的黄金出口量增长至4年来的最高水平。瑞士是全球最大的黄金精炼和转运中心。2022年2月，约198吨黄金从欧美运抵中国市场。

金价上涨还有一个原因，就是人们不看好美国国债，担心美元加息。

为何人们要抢黄金？因为美国央行货币政策大放水，导致美国国债遭遇大幅抛售，人们看到美国国债都在卖出，担心美联储加息。当不看好美国国债时，人们买什么好呢？美国国债的供应加大和高通胀，使得美国国债资产贬值。美国实行的是零利率政策，买美国国债的实际收益率是负的，而美国债务赤字总额已达到 31 万亿美元。

截至 2021 年 2 月，在 1 年半的时间里，包括英国、日本、沙特阿拉伯、中国、俄罗斯、土耳其、巴西、法国、印度、比利时、加拿大、德国、泰国及瑞士等国在内的多个主要美国国债买家，一直保持减持美国国债的态势。日本、俄罗斯、德国等美国国债大买家，很有可能会在接下来的时间里大量减持美国国债，累计数额会高达 9 000 亿美元。

现在美国通胀率处于高位，各国都担忧美国通胀失控，加上俄乌局势紧张，这些从美国国债中撤出来的资金纷纷涌入有着不错表现的战略资产，如黄金等，因此金价就涨了起来。黄金被认为是可以对冲通胀和地缘风险的工具。俄乌地缘的紧张局势，将助推金价打开上行空间。如果想选择黄金，那么你一定要注意不确定性风险。

金融制裁的代价

2022 年 2 月 26 日晚，美国与欧洲主要盟友达成一致，将把数家俄罗斯银行从 SWIFT（国际资金清算系统）中剔除，作为对俄罗斯的最新制裁手段。这个支付系统素有"金融核武器"之称。它是全球银行业的"信息系统",各国都习惯用它确认订单、付款和交易等。比如,俄罗斯的石油、天然气、粮食资源的出口基本上都靠这个系统。一旦被禁止使用,那就意味着俄罗斯的国际贸易会遭遇全方位冲击,进而影响到其经济和金融的稳定。

但是,美欧制裁俄罗斯的后果是什么?如果俄罗斯不接受制裁会怎样?

回溯历史,在一战结束时,英、法、美等27个战胜国在巴黎开会,一起研究这次战争由谁买单。德国是战败国,没资格参加会议,于是各国说让德国买单。当德国接到巴黎和会的裁决时傻眼了,这张罚单太大了,每年罚1 320亿德国马克,相当于1921年德国商品出口总值的四分之一,德国人根本拿不出这笔钱。法国害怕德国赖账,就联合比利时、波兰出兵,占领德国的经济命脉鲁尔区,导致德国工人开始罢工。德国政府让工人停工回家,1吨煤都不让法国挖走,但照样给工人发工资,这就加剧了通货膨胀。巴黎和会的赔款额是用德国马克偿还的,德国政府就让德国马克贬值,最后贬值到只用四分之一德国马克就还了罚款,这是多大的笑话。一战对德国惩罚太重,导致德国纳粹上台,第二次世界大战爆发,数千万人战死沙场,这个惩罚的代价太大了!

美欧国家对俄罗斯的严厉制裁，如果把俄罗斯逼急了，就可能导致未来战争的爆发，这为世界更大的不确定性埋下了隐患。有德国的前车之鉴，我们绝不能让历史悲剧重演。人类不该在同一个地方跌倒两次。

近年来，俄罗斯经济原本就不景气，2011年俄罗斯GDP是2.05万亿美元，2021年的GDP是1.78万亿美元。过去10年，俄罗斯经济一直处于负增长状态。特别是2014年乌克兰危机爆发后，国际货币基金组织估计，制裁使俄罗斯2014—2018年的经济增长率每年下降0.2个百分点，导致俄罗斯日子很难过。现在好不容易熬过来了，如果再次遭遇SWIFT制裁，未来的俄罗斯经济还将面临更大的增长压力。就拿石油和天然气生产创造的国际利润来说，这两部分利润合计占到俄罗斯财政收入的40%以上，这可是个不小的数字。

当今世界各国彼此相连，谁也离不开谁。如果欧洲国家与俄罗斯发生冲突，欧洲国家的损失远大于美国。欧洲国家在能源上高度依赖俄罗斯的天然气。例如，德国34%的石油和65%的天然气都是从俄罗斯进口的。对欧洲人来说，即使愿意接受高昂的价格，他们也不可能用卡车运送液化天然气，来抵消俄罗斯天然气的流量。如果将俄罗斯踢出SWIFT，俄罗斯的国际贸易固然会受到严重冲击，但全球石油、天然气价格也将出现暴涨，欧洲首当其冲。一旦让俄罗斯走投无路，它就会进一步采取行动，美国尚不能胜券在握，更何况欧洲国家了。

以美国为首的西方国家用SWIFT制裁俄罗斯，其结果是让SWIFT的重要性持续下降。各国会逐渐感觉到，只有一个系统太不安全了，都想寻找替代方案。

美俄博弈：石油、金融

俄乌冲突爆发以来，美俄展开了大国博弈。美国想借此机会削弱俄罗斯的国力，让俄罗斯弱下去。所以美国尽量拖住俄乌战事，先是进行金融战，把俄罗斯部分银行踢出SWIFT，而后宣布对俄罗斯的石油、天然气和煤炭实行禁运，带动欧洲国家一起制裁俄罗斯。但俄罗斯毫不示弱，绝地反击。

第一，石油制裁。

俄罗斯有丰富的石油、天然气和煤炭，是世界能源出口大国，对欧洲能源供给来说非常重要。2022年3月9日，美国宣布禁止俄罗斯石油、天然气和煤炭的进口。英国和欧盟也纷纷表示，禁止或减少石油进口。德国对天然气管道北溪二号按下暂停键。俄罗斯靠能源出口维持生存，卡住了俄罗斯能源出口，就等于抓住了俄罗斯的生命线。

俄罗斯是全球重要的石油出口国，每天提供约700万桶石油，约占全球供应的7%。俄罗斯表态，西方对其制裁有可能为全球市场招致灾难性后果，油价飙升到每桶300美元也有可能。俄罗斯不排除切断对欧洲的天然气供应。在俄罗斯进行这种表态后，国际布伦特原油的油价飙升至每桶132.45美元，西得州原油期货升至每桶128.55美元，创14年来的新高。美国2021年从俄罗斯进口能源约占8%，其中石油进口仅占3%。美国占比不高，但欧洲就惨了，因为欧洲依赖俄罗斯的能源进口。

美国在2022年3月9日宣布，北溪二号项目已经死了，说它只是躺在海底的一块金属，它不可能重启。美国企图破坏北溪二号，想切断俄罗斯与欧洲的能源联系，把欧洲握在自己手中。数据显示，欧洲天然气的期货价格已达到美国价格的20多倍。欧洲十分痛苦，通货膨胀严重，民众生活苦不堪言。

美国对俄罗斯的经济制裁堪称疯狂，制裁项目多达5 532项，远远超过被美国制裁过的伊朗、叙利亚及朝鲜等国。俄罗斯说，如果这样的制裁不停止，那么俄罗斯将停止北溪一号输气管道，让欧洲得不到俄罗斯的天然气。

第二，金融制裁。

这次俄罗斯被冻结、被扣押的海外资产有多少？俄罗斯财政部长说，俄罗斯约有 3 000 亿美元的黄金和外汇储备被冻结，占俄罗斯国际储备总额的近一半。俄罗斯富豪的个人海外资产被扣押的至少有 800 亿美元，还有各个企业大量的海外投资、债券等。冻结海外资产给俄罗斯带来了巨大灾难，它无法偿还到期外债。俄罗斯使出铁腕措施，回击了三板斧。第一，俄罗斯宣布对不友好的 40 多个国家都用卢布来还债，俄罗斯欠的钱，只能用卢布偿还。第二，专利赔偿金直接归零，不还了。第三，把欧美在俄罗斯的 59 家跨国大企业都列入"资产国有化"名单，西方投资在这里的企业都收归俄罗斯国有。每一招儿都打在了欧美国家的痛处。对于俄罗斯的巨额海外资金，欧美多国都在虎视眈眈。

金砖五国其他四国一致：不制裁俄罗斯

金砖五国包括中国、俄罗斯、印度、巴西、南非。它们是世界上最大的发展中国家。这次美国制裁俄罗斯，还要求各国都跟着它一起制裁俄罗斯。但金砖五国中的其他四国一致表示，不谴责、不制裁俄罗斯。

（1）中国多次指出，美国单边制裁解决不了问题。中俄战略合作不受任何第三方的干扰。我国和俄罗斯加紧了能源合作。早在 2022 年 2 月初，中俄就签订了两个能源贸易的大单，一个是中国石油从俄罗斯石油公司进口 1 亿吨石油，为期 10 年。另一个是，中俄再建一条新的天然气管道，合约 30 年，初期每年输气量 100 亿立方米，中期每年输气量 300 亿立方米，后期每年输气量 600 亿立方米。中俄两国利益绑在了一起。

（2）印度表明中立立场，不对俄罗斯进行制裁。印度还在大量进口俄罗斯能源，这是美国人没想到的。美国曾警告印度，但印度只当耳边风。英国媒体发现，印度 2022 年 3 月对俄罗斯的石油进口量出现激增。

（3）巴西反对对俄罗斯发起单边制裁。巴西近日就核潜艇设计技术向俄罗斯提出帮助的请求。

（4）在中国、印度、巴西表态后，南非也宣布不参与对俄制裁，主张用和谈的方式解决问题。自此，金砖五国都对美国的制裁说不，美国单边制裁行径不得人心。除了金砖五国中的其他四国，土耳其、阿联酋、沙特阿拉伯、委内瑞拉、墨西哥等国均拒绝对俄罗斯发起制裁。

金砖五国立场高度一致，其他四个国家对俄罗斯全部采取不谴责、不制裁的举措，尽管在具体方式上有所不同。各国在期望俄乌冲突能快速结束的同时，反对西方"仇恨主义"和"立场裹挟"的态度。

美国对俄罗斯的制裁，使得从疫情中有所恢复的全球经济陷入大宗商品价格上涨的更大震荡。俄罗斯是全球主要的能源、粮食出口国，在这两方面美国对俄罗斯的需求均较低，全面制裁俄罗斯经济对美国造成的影响相对较小。但石油、天然气、小麦价格飞涨，对其他国家尤其是广大发展中国家造成的冲击是巨大的。美国单边制裁带给欧洲多国的战争威胁、物价飞涨，让欧洲多国的反美意识加速萌生。

美国制裁声势浩大的原因，一是美国对国际舆论的把控，二是美国单边制裁会对全球经济造成的恶性后果。美国是互联网的发源地，利用这一先天优势，美国掌控了从通信底层、通信设备、通信软件到通信媒体的整体舆论体系。

网上有段笑话，日本说："大佬，听说你准备切断俄罗斯与GPS（全球定位系统）的连接？"

美国说："你是不是傻？俄罗斯现在有格洛纳斯系统，切断俄罗斯与全球定位系统的连接有多大作用？"

韩国问："格洛纳斯系统能和全球定位系统相比吗？"

美国说："再加上一个北斗呢？你们两个蠢货是不是想让

美国放弃全球卫星导航市场？"日本、韩国说："没有，没有，我们想的是怎么打击俄罗斯。"

俄罗斯出台的不友好国家和地区清单，共涉及40多个国家和地区，相较于全球的200多个国家和地区，美国的敌视行径并不代表全球的主流看法。

石油输出国，不买美国账

美国制裁俄罗斯后，石油供应不足，导致油价暴涨。美国想请中东石油国家帮忙，提高石油产量，但是沙特阿拉伯和阿联酋这些石油国家并不买美国的账，坚决不多生产石油，这让美国陷入尴尬境地，英国首相去中东劝说无果，日本首相劝说也失败了。

美国不再从俄罗斯进口能源，它想把沙特阿拉伯、阿联酋、伊朗和委内瑞拉等一些产油大国拉下水。这几个国家是产油大国，之前一直被美国制裁，产油量被严重限制，经济发展受到极大约束。美国现在为了打击俄罗斯，也顾不了那么多了，为了说动这些国家，美国甚至准备取消对委内瑞拉和伊朗的制裁。令美国万万没想到的是，其主动示好竟然不起作用，美国想要沙特阿拉伯增加石油产量，直接遭到了拒绝，阿联酋更是不与拜登通话。

阿联酋拒绝提升石油产量，反而与俄罗斯达成合作。

随着俄乌冲突爆发，美欧对俄制裁手段一再升级，引发国际局势动荡，能源价格暴涨。国际油价飙升至13年来的新高。

先是美国总统拜登为了平稳油价，希望与沙特阿拉伯和阿联酋领导人通电话，直接被两国拒绝。就在阿联酋接连拒绝了美、英、日之后，据俄媒报道，俄罗斯和阿联酋在地质勘探领域，同意尽最大努力加强双边合作。

以美国为首的西方想要阿联酋、沙特阿拉伯两国提升石油产量，但沙特阿拉伯和阿联酋官员声称，他们并不想破坏欧佩克和俄罗斯之间的协议。

这意味着沙特阿拉伯和阿联酋不太愿意满足以美国为首的西方的要求。自美国总统拜登上台以来，美国和沙特阿拉伯及阿联酋之间的关系持续遇冷。沙特阿拉伯希望在干预也门冲突的行动上美国能更多地支持它，但拜登对这一要求予以拒绝。阿联酋希望美国对其提供更大的军事援助，以缓解其国防压力，但美国并没有采取任何行动来解决阿联酋的"担忧"。

之前是美国总统拜登把阿联酋和沙特阿拉伯拒之门外，现在轮到拜登有所求的时候，它们必然不理会了。

沙特阿拉伯国王不仅拒接美国电话，还让英国首相的访问无功而返，却跟中国签订石油项目合同，考虑向中国出售石油时用人民币而不是美元结算。现在看来，以美国为首的西方国家制裁俄罗斯，这是搬起石头砸自己的脚。沙特阿拉伯是世界第一大石油国，石油储量占世界第一，它有足够的底气。美国总统亲自打电话，就是有求于沙特阿拉伯，要求其增加石油的出口，平抑国际油价！但很显然沙特阿拉伯选择了拒绝。沙特阿拉伯做出了一个明智的选择，中国成了沙特石油的第一大买家！

中东石油国家对美国现在的态度表明，它们不选择和美国站在一起制裁俄罗斯。扰乱国际油价的始作俑者是美国，美国想一家独大，但在石油领域它现在没有话语权。

冻结俄罗斯资产，瑞士后悔了

制裁俄罗斯的国家有许多，最后悔的莫过于瑞士。瑞士一直以来都是中立国家，世界上的有钱人和富裕国家把钱存在瑞士银行为的就是保险。但没想到，瑞士银行的金字招牌竟被扣押俄罗斯资产给弄砸了，瑞士要冻结俄罗斯的资产，这引起富豪的恐慌，他们纷纷从瑞士银行取出钱来存到别国银行，瑞士后悔了。

瑞士国家不大，人口850多万，山清水秀，到处都是高山湖泊，耕地很少，粮食产量很低。早年间瑞士人很穷，许多人到意大利去站岗。瑞士人想：干点儿什么好呢？最后他们决定发展银行，遵守承诺，替储户保密，瑞士就是靠银行业发展起来的。

瑞士永久中立的地位是1815年维也纳会议确定的。瑞士东边是奥地利，西边是法国，南边是意大利，北边是德国。它被包裹在中间，地理位置易守难攻，这让它躲过了两次世界大战的战火，一直安然无恙。就这样，瑞士以银行保密制度立国，瑞士人逐渐富裕起来。

二战结束后，瑞士保持了良好的中立国形象，任何地区的战斗都不参加，只闷头赚大钱，因而为世人所羡慕，联合国多个组织都设在瑞士，瑞士给人以祥和、与世无争的感觉。所以富人都愿意把钱存在瑞士。

瑞士对银行的保密程度是世界顶级的。只要你将钱财存入瑞士银行，你的储存信息将会对所有人保密。除非本人来，否则任何人、任何国家政府和组织都不能调取你的信息。瑞士银行不仅不给储户利息，还要收取大量保管费。瑞士是永久中立国家，在瑞士银行存的钱，不会受到战争和政治的影响。

俄乌冲突爆发后，多国开始制裁俄罗斯。瑞士马上跟进，不但从俄罗斯国内撤走资产，还公布俄罗斯客户在瑞士银行存款 2 000 亿瑞士法郎，折合 2 130 多亿美元，紧接着冻结了俄罗斯在瑞士的实体和富豪资产 80 亿美元，这一举动让全世界一片哗然。瑞士不是中立国吗？为何现在不中立了？公布俄罗斯客户在瑞士银行的存款，不为客户保密了，以后还有谁敢到瑞士银行存钱？

过去人们对瑞士银行深信不疑。俄罗斯海外交易的 80% 都通过瑞士银行结算，北溪二号这个大项目，公司总部就设在瑞士，没想到瑞士会背信弃义。俄罗斯政府马上对瑞士做出强硬的反击，直接扣押了一大批瑞士的名贵手表作为报复，这些手表每块的单价都超过 70 万美元。

瑞士的做法引起了世界富豪们的恐慌，他们把在瑞士银行的存款取出来放到其他银行里。看到这些，瑞士后悔了，瑞士外长突然表示，瑞士不参与制裁俄罗斯，将继续保持中立国地位。如此出尔反尔谁还能相信呢？结果就是，瑞士银行的存款大笔流出。瑞士急于挽回形象，但于事无补。

瑞士银行是全球最大的私人银行，它不是一家银行，而是 300 多家银行的总称，大约保存全球私人财富的四分之一。这次瑞士参与制裁俄罗斯，导致瑞士银行及其永久中立国形象崩塌。瑞士这样做，短期看是投机取巧，长期看则损失巨大，因为瑞士银行的金字招牌被砸了，失信于人，失信于世界，谁还敢相信它呢？银行是信誉的象征，如果没有了信誉，它就不会存在。

制裁俄罗斯，给了中国机会

俄乌冲突爆发后，美欧对俄制裁是全方位的。麦当劳、星巴克、必胜客等跨国公司都宣布在俄罗斯暂停经营，苹果、三星也宣布停止对俄罗斯销售产品。麦当劳关闭了俄罗斯850家店铺。还有一些国家的能源、物流、石油、汽车和航运等公司纷纷表态参与制裁。但西方公司和品牌从俄罗斯市场的退出，对中国来说却是一大机遇。主要表现在以下几个方面。

第一，我国的进口机遇。我国从俄罗斯进口什么？2021年我国从俄罗斯进口能源产品超过3 342.9亿元人民币，占我国从俄罗斯进口总额的约65%，也就是说，我国从俄罗斯进口的产品60%以上都是石油和天然气等能源产品。俄罗斯是一个资源型大国，中国是一个制造业大国，两国优势互补。中俄在2021年贸易额突破9 000亿元人民币大关，增幅高达26%。

俄罗斯宝贵的油气资源是摆在我国油气行业面前的一块大蛋糕。不同于以往的油气局势，在多国停止进口俄罗斯油气资源的当下，以更低廉的价格向中国出口能源，乃至吸引中资代替美欧资本开发俄罗斯资源，将是俄罗斯的一个选择。而深度参与俄罗斯能源开发，也使我国终于有机会改变以往对美国掌控下的中东、澳大利亚的能源过于依赖的格局。

第二，我国的出口机遇。我国对俄罗斯都出口什么？主要是机电产品。比如，家用电器、智能手机、计算机、汽车等，我国家电制造已达世界领先水平，国产智能手机品牌华为、小米在俄罗斯拥有很大的市场。

在西方跨国品牌的制裁下，俄罗斯民众对中国品牌有较高的信任度。俄罗斯民调显示，近六成民众表示，俄罗斯本土企业能够完全取代从俄罗斯撤离的外国品牌，还有47%民众认为，中国品牌有能力填补制裁之后的市场空白。2022年3月以来，华为手机在俄罗斯销量大涨300%，其他中国智能手机销量的大涨也超过200%。我国国产汽车品牌在俄罗斯也非常受欢迎，有很大的消费市场。由于俄罗斯没有出色的消费品企业，再加上苹果、三星等外资的退出，可以预见，未来俄罗斯1.4亿消费者的庞大商品市场，是中国品牌的机遇。

第三，"人民币国际化"机遇。2020年人民币在中俄双边贸易结算中占比超过17%，在俄罗斯国家储备中占比超过12%，这次俄罗斯卢布被制裁，海外美元资产被冻结，进一步加速了俄罗斯政府和民众用人民币来结算，因为这样做更保险。例如，美欧对俄发起制裁后，俄罗斯各大银行纷纷推出带有"中国银联"标志的银行卡，来替代"维萨、万事达"等已经停止的外资服务。俄罗斯银行每天发行的银联卡数量是制裁发生前的50倍，中国银联卡受到俄罗斯人的追捧。

中国企业开始以人民币购买俄罗斯能源。据俄媒报道，多家中国企业2022年3月以人民币购买其煤炭，第一批煤炭于4月运到中国。这是俄乌冲突以来首次以人民币支付俄罗斯原材料。俄罗斯石油出口企业还为中国石油企业提供了以人民币支付的方式。首批以人民币购买的石油于5月交付中国的炼油厂。

俄罗斯是一个能源出口大国。如果能把人民币与其能源出口加以绑定，并且让其他国家在购买俄罗斯能源时都用人民币结算，这对人民币国际化意义重大。中俄两国做贸易，我国有产品，俄罗斯有能源，正好实现了优势互补。

美欧冻结俄罗斯资产

美欧冻结俄罗斯外汇金融资产达3 000多亿美元。美国官员表示，美国不打算归还已没收俄罗斯富豪的资产，他们将以一种更好的方式使用这笔钱。美国总统正在考虑如何处理这笔资产。美欧到底冻结了俄罗斯多少金融资产？

第一，美国。计划冻结俄罗斯1 320亿美元的黄金储备。美国司法部成立跨大西洋工作组，寻找俄罗斯富豪在美国和欧盟中的游艇、豪华公寓、私人飞机和巨额存款以进行冻结和没收。美国已宣布冻结8名俄罗斯富豪在美资产。

第二，瑞士。已冻结了价值75亿瑞士法郎的俄罗斯资产，合80亿美元。

第三，荷兰。荷兰银行冻结了俄罗斯资金近1.45亿欧元，信托业冻结了近2.43亿欧元，养老基金冻结了37.99亿欧元，投资企业冻结了390万欧元。

第四，英国。英国没收俄罗斯寡头的房产来安置乌克兰难民。英超切尔西足球俱乐部的老板罗曼·阿布拉莫维奇是俄罗斯钢铁公司的大股东，被踢出切尔西董事会，资产被英国没收。

第五，法国。冻结了俄罗斯央行220亿欧元资产，另外冻结1.5亿欧元俄罗斯自然人资金，没收了价值5亿欧元的俄罗斯人房产。

第六，意大利。没收价值1.4亿欧元的俄罗斯富豪的财产，包括富豪的一艘价值6 500万欧元的游艇。

第七，波兰。冻结了近3 300万美元俄罗斯的账户，没收俄罗斯人在华沙的房产，包括俄罗斯大使馆下属的学校建筑和一座外交官公寓。

第八，德国。德国政府扣押俄罗斯富豪世界上总吨位最大的机动游艇，价格近6亿美元。

第九，加拿大。把俄罗斯运送疫苗的运输机扣留在多伦多机场。

西方文明的基石是保护私人财产神圣不可侵犯。他们扣押的都是俄罗斯富豪的私人财产。人们都很关心这些被冻结的俄罗斯巨额海外资产会被怎么处置。看看这些国家过去都是如何处置此类资产的。

2001年，美国攻打阿富汗，冻结了阿富汗70亿美元，这些钱之后被美国总统大笔一挥直接分掉了。2003年，美国发动伊拉克战争，战后萨达姆家族的70亿美元资产被瓜分得仅剩60万美元。

2011年，非洲国家利比亚爆发内战，美欧国家趁机冻结卡扎菲总统的资产合计约800亿美元，还有利比亚央行的140多吨黄金。数据远不止这些。有人估计，卡扎菲的秘密资产总值可能超过2 000亿美元，10年后，被利比亚政府追回的资产不过九牛一毛。

俄罗斯这次被冻结、被扣押的海外资产也许是天文数字。美国首先表示，拒绝归还俄罗斯富豪的这笔钱。如果美国得逞，其他国家就会效仿，这个世界会变成什么样？

这给各国提了一个醒儿，对存在美国的资产一定要早做打算，万一哪天美国采取了对俄罗斯一样的做法，损失将会很惨重。以美国为首的西方冻结俄罗斯的外汇储备和资产，大发战争财，俄罗斯能答应吗？

没了俄罗斯稀土，美欧怎么办

俄罗斯被制裁，导致西方国家稀土短缺，它们被稀土卡住了脖子。稀土是元素周期表中17种金属元素的总称。在大自然中共有250种稀土矿物。

稀土究竟有多重要？稀土素有工业"黄金"之称，上到高精尖工业，如军工、石油化工、冶金工业，下到普通工业，如玻璃陶瓷，以及农业发展，都用得到稀土。如果没有稀土，各国都将被扼住"咽喉"。举例来说，美国要制造一艘弗吉尼亚级核潜艇，需要耗费至少4吨稀土；美国生产一架F-35战斗机要消耗400多千克稀土。可见稀土的重要、稀有和珍贵程度远远超出我们的想象。稀土如此重要,但世界上有稀土且能生产稀土的国家却不多,像美国和欧洲就比较缺稀土。

其实,美国拥有较大储量的稀土矿,但由于深埋地底,开采难度大、成本高,在国际上没有市场。不得已,美国早在20多年前就关闭了80多家大型稀土矿。至于欧洲,几乎没有稀土,与美国一样,都依赖进口。

据美媒报道,美国和欧盟对俄罗斯发起制裁,导致美欧稀土供应链被打乱了,大量西方稀土加工企业因缺少来自俄罗斯的稀土原料而面临停工风险。同时,欧洲稀土工业协会表示,欧洲在很多稀土原材料上依赖俄罗斯,如果稀土供应链长期中断,整个欧洲就会产生连锁反应。制裁导致俄罗斯的稀土产不出、运不出,那些等着加工原材料的西方企业只能干着急。

稀土不同于天然气,简单加工一下就能使用,稀土需要经过一系列复杂的加工才能体现其价值,发挥其作用。同一种稀土原材料经过不同加工,能体现出多种截然不同的用处。相比天然气被"卡脖子",稀土这种战略物资被"卡脖子"令西方更加难受。

如果稀土真的不够用,西方国家有什么解决办法?

第一,给自己松绑。推动俄乌停火谈判,换取进口俄罗斯稀土的机会。

第二，美国自己开采稀土再卖给欧洲。美国是有稀土的，早在2020年美国曾宣布采矿业进入紧急状态，要加速对美国矿山的开发，扩大美国稀土矿物的生产量。但受疫情影响，美国至今都无法实现稀土自足，它自身需求都很难满足，更别说供给欧洲了。

第三，向其他稀土大国求助，例如中国、蒙古国等。蒙古国作为全球第二大稀土国，美国早几年就有过向其求助的想法。但蒙古国地处内陆，没有出海口，陆路走不通，要花大价钱空运，这导致美国不得不主动放弃。如今俄乌冲突爆发，稀土更运不出来了。最后只能求助于中国，中国有稀土，但我们出不出口美欧说了不算。无论怎样，眼下西方国家都很难解决稀土被"卡脖子"的危机。

化肥制裁对我国的影响

美欧制裁俄罗斯化肥出口，引起了多国的强烈反对。如果制裁真的发生，对国际粮价的影响以及对我国的影响如何？

首先，要了解俄罗斯化肥对全球的重要性。俄罗斯化肥产量大、出口多，对全球农业非常重要。联合国粮农组织数据显示，2021年俄罗斯的氮、磷、钾三种肥料的出口贸易值均居世界前三名，占比为15%~20%。俄罗斯化肥年产量超5 000万吨，占全球化肥产量的13%，主要出口巴西、美国和印度等国。

美国每年从俄罗斯进口约50万吨化肥，超过俄罗斯出口的1/10。但美国认为，制裁俄罗斯化肥出口对美国影响不大，如果让其他多国都参与制裁，就会对俄罗斯造成非常大的打击。

最先反对的是巴西，其农业部长强烈呼吁，希望能把俄罗斯化肥排除在制裁范围之外，并认为美国这样做有可能会引发粮食危机。巴西是世界上最大的农产品生产国和出口国之一，它对化肥进口的需求非常大，巴西85%的化肥供应依靠进口，1/5来自俄罗斯。巴西的提议立刻得到阿根廷、玻利维亚、智利、巴拉圭、乌拉圭5个南美洲国家的支持。

化肥是从石油中提取的，油价上涨引发了一系列产品价格的变动，农业和畜牧业都受到了冲击。全球化肥价格上涨，美国农民也深受影响。在美国，化肥价格比2021年高出四五倍。化肥价格的飙升加剧了粮食价格的上涨。

事实上，化肥价格上涨对世界粮食安全将造成影响。化肥价格会推高粮价，使中东粮食安全受到影响。例如，经济陷入困境的黎巴嫩,以前1千克面粉价格为1 000～2 000黎巴嫩镑,以后可能会涨到4万黎巴嫩镑。联合国世界粮食计划署2022年3月发布的数据显示,也门多达3.1万人正在面临饥荒。

化肥价格的暴涨对欧洲是"致命一击"。欧洲进口量占到俄罗斯化肥出口份额的25%。制裁俄罗斯化肥,一些国家要面临的不光是粮食进口量的减少,还有本国农民生产积极性的下降,这极有可能导致粮食减产,引发粮食危机。

最后,再来看制裁俄罗斯化肥对中国的影响。我国也是产粮大国,如果国际化肥产业受到冲击,当然也会影响到我们。中国生产的氮肥和磷肥基本上能满足农业生产需求,但我国的钾肥50%都依赖进口。2021年,中国钾肥超过80%来自俄罗斯、白俄罗斯和加拿大。2022年前3个月,受俄乌冲突影响,国内钾肥价格涨了23.74%。尤其是这段时间许多地区正是庄稼施肥的季节,需求旺盛,而我国化肥价格居高不下。好在中国和俄罗斯贸易还在正常进行,我国农业农村部也采取了一些措施,努力稳定农药、化肥的价格,保障2022年的粮食生产。

美国制裁俄罗斯化肥出口,对世界粮食生产会造成打击,可能会导致粮食危机。这对缺粮国家来说非常危险。

中国的储备粮多吗?

中国粮食储备的话题最近被炒得沸沸扬扬。有国外媒体说,全球超过一半的小麦、七成玉米、六成大米,现在都存放在中国的粮仓中。中国如此庞大的粮食储备让他们感到惊讶。我国到底有多少储备粮?够中国人吃多久?国际粮价高和我们有关系吗?

2022年3月底,300艘运粮船滞留在黑海上,欧盟主席呼吁俄罗斯不能封锁停泊在黑海运输小麦的船只,要尽快放行,欧洲人需要吃饭,需要面包。紧接着欧盟把目光转向中国,说中国存粮占世界粮食储备的50%,要求中国开放粮仓的20%,救济欧洲,这样欧洲人才能不饿肚子。

全球的现状是:玉米、小麦、大豆价格在涨,全球粮价都在涨,埃及、中东、欧洲等国家和地区都面临粮食短缺的危机。相比较而言,中国受到的影响比较小,因为我国多年来一直在进行粮食储备。

美欧数据显示,中国粮食储备世界第一。俄乌冲突发生以来,中国加快储备模式,从美国订购了新粮食。其实,我国粮食储备不是从现在才开始的,多年来我们一直是这样做的。我国最初进口的重点是玉米,之后小麦和大麦的进口也急剧增长。2021年,我国进口粮食16 454万吨,接近全年粮食产量的1/4。其中饲料粮进口量比较大。进口量接近或超过千万吨的,依次是大豆、玉米、大麦和小麦4个品种。

目前来看,俄乌冲突对我国粮食安全影响有限。2021年,中国从俄罗斯进口大豆、小麦、玉米、大麦数量在中国进口总量中的占比均不足1%。而乌克兰是我国主要的玉米和葵花子油进口来源国,但我国玉米总进口量占消费比例不到10%,葵花子油相关替代油脂库存充足,所以总体看,俄乌冲突对我国粮食供应影响不大。我国自己的粮食产量已实现多年连续增长。我国三大口粮,大米、小麦和玉米的国内自给率平均在97%以上,并不存在进口依赖。仅2021年,我国就启动了120个和粮食储备相关的建设项目。

由于粮食储备充裕,我国市场才能有效地控制粮食价格。当2018年和2019年发生非洲猪瘟时,很多人担心猪肉变得太贵买不到。我国动用了当年生猪应急储备,在一定程度上控制了价格的急剧上涨。

中国近几年重视粮食储备的原因还有许多,除了外部因素和围绕供应链的不确定性,还有一个原因,就是相对于中国庞大的人口,我国农业耕地面积相当有限。然后就是缺水,最重要的是中国人对危机的担忧。这些让我们意识到粮食储备的重要性。

历史上，中国农业是小农模式，而美国、欧洲、南美和澳大利亚等国家和地区已经走向集约化模式。中国的这种情况正在逐渐改变，农场规模更大，机器也更加现代化。中国正在全面推进农业现代化。

眼下，当欧美国家的油价和粮价都在上涨时，我们做到了手中有粮，心中不慌。老祖宗的积谷防饥理念现在派上了用场。中国人的饭碗一定要端在自己手中。

美俄之争：阿拉斯加之痛

俄罗斯说，如果美国胆敢扣留俄罗斯3 300亿美元的外汇储备，它就要收回阿拉斯加的主权。阿拉斯加本来属于俄罗斯，却在1867年卖给了美国，那时阿拉斯加只是一片冰封的荒原。若干年后，美国在阿拉斯加发现了石油和天然气，俄罗斯才发觉吃了大亏。

阿拉斯加的由来

说起俄罗斯，它是世界上国土面积最大的国家，1 709.82

万平方千米，是中国面积的近两倍。可俄罗斯也有失算的时候，它最大的失算就是把阿拉斯加卖给了美国，这是俄罗斯心中永远的痛。

阿拉斯加位于北美大陆的西北端，东边与加拿大接壤，另外三面环北冰洋、白令海和北太平洋。面积约172万平方千米，那里属于北极圈内的极地气候，非常寒冷。

阿拉斯加被卖给美国

阿拉斯加属于俄国。但1853年克里米亚战争爆发，法英联合起来攻打俄国。俄国打仗缺少资金，又担心阿拉斯加被英国夺走，就想把阿拉斯加卖给美国。1867年，美俄同意以720万美元成交。其中700万美元是土地价格，20万美元是手续费，就这样阿拉斯加被卖给了美国，172万平方千米，每英亩[①]的价格仅2美分。

对这笔交易俄国一片欢呼，说沙皇英明，把一片入不敷出的荒寒之地卖了一个好价钱。美国却是一片叫骂声，认为此举愚蠢透顶，花720万美元买了一个常年冰冻的大冰箱，这块荒无人烟的地方根本就不值钱。为此国务卿被迫辞职。多年后却

---

① 1英亩≈4 046.86平方米。——编者注

发生了让俄国痛哭、美国狂喜的事情。

阿拉斯的资源和战略价值

事实证明，美国并没有错。1897 年，美国在阿拉斯加发现了金矿，随后又发现了丰富的石油。仅这两项资源，价值就远远超过万亿美元。在冷战时期，阿拉斯加的战略地位更加凸显。美国在这里建立了战略导弹部署基地，目标直指这片土地曾经的主人。

阿拉斯加还让美国成为 8 个北极圈成员国之一。这意味着，美国在北极事务上获得了更有力的话语权。通过获得阿拉斯加，美国成为北极沿岸国家，极大地延伸了它的领土范围。阿拉斯加是美国最大的州，它占美国国土面积的 20%。

现在，阿拉斯加居住着 72 万人口，这里有冰川、峡湾、湖泊、平静的海滩，一年四季美不胜收。地下藏有煤碳、黄金、铜、巨量石油和天然气，再加上大量的鱼和砍不完的树，俄罗斯这才大呼后悔。如果能在阿拉斯加架几门炮，美国现在还敢如此嚣张吗？2014 年，一个退休老太太问普京，俄罗斯是否会索要阿拉斯加州。普京回答："为什么你需要阿拉斯加？俄罗斯本来就是个北方国家，那里和这里一样冷，咱们就别惦记了，好不好？"

俄罗斯威胁美国，要收回阿拉斯加

当年俄国把阿拉斯加卖给美国，是想着利用美国来制约英国，没想到如今的阿拉斯加成为美国与俄罗斯对抗的前沿阵地，对俄罗斯而言，这事气不气人？

有媒体报道，俄罗斯杜马主席威胁说，美国应该永远记住，有一块领土，阿拉斯加，当美国人企图占有我们的国外资产时，他们应该先想一想，我们也有东西要收回。

对俄罗斯这一表态，美国媒体高度紧张，担心美俄之间掀起军事对抗。

如果真打起来，俄罗斯未必能打赢。从实力上看，2021年美国 GDP 高达 23.32 万亿美元，俄罗斯则是 1.78 万亿美元，还不到美国的 1/10。唯一可以让美国忌惮的，就是俄罗斯不怕死的姿态，遇到不怕死的对手美国就会害怕。现在俄罗斯直接挑明了，如果美国没收俄罗斯的资产，俄罗斯就要收回阿拉斯加，挑起美俄之间的直接军事对抗。

阿拉斯加是俄罗斯永远的痛，再也收不回来了，除非和美国打一场军事战。这种可能性是存在的，这就要看美国有没有与俄罗斯"面对面"一决雌雄的勇气了。

第 2 章 能源短缺，席卷全球

全球性能源短缺

一场全球性能源危机正在袭来，包括欧盟27国、英国、巴西和印度等国在内，全球已有30多个国家受到能源危机的影响。

在英国伦敦等地，很多加油站都"无油可加"，因缺少卡车司机而引发的燃油短缺现象仍未得到缓解。欧洲天然气期货价格飙升22%，创下近十余年来的新高。除了天然气，欧洲一些国家的电力价格也在持续上涨，德国与西班牙2022年9月的电价已达到过去两年平均电价的三四倍。

这场起源于欧洲的能源危机，开始蔓延到其他新兴市场经济体。原本巴西每年60%的用电来自水力发电，由于天气干旱，发电量明显下降。为了避免电网崩溃，巴西使用天然气加大发电，进一步推高了天然气的市场价格。印度也面临严峻的电力问题，国内135家燃煤电厂已有16家无煤炭可用，超过半数电厂的库存不足3天。

能源短缺最先影响的是老百姓的日常生活，我国现在每度电的单价大约为0.6元，由于政府对电价的统一调控，哪怕是原材料煤炭涨了，也很难传导到电价上。但国外就不一样了，比如英国，能源价格稍微一动，就会直接传导到老百姓身上。

2022年以来，英国的电价比2021年同期涨了7倍，创下2000年以来的最大涨幅，这要老百姓自己买单。不仅如此，目前在英国市场，猪肉、汽油、牛奶、药品等陆续出现了抢购潮，这些产品供应链非常紧张和脆弱。除了普通民众生活受到影响，小型能源企业也遭受了巨大的冲击。

2022年全球能源短缺有以下几个原因。

第一，与全球央行大放水有直接关系。美国发行国债规模达到了30万亿美元，创下历史之最，但商品生产特别是能源的开采哪有印钞机速度快，如果市场上的资金多了两倍，能源供应速度跟不上，很难找到其他的替代品，能源价格暴涨就在情理之中了。

第二，与全球能源供给和需求错位有关。2021年需求降低，很多能源企业关闭了产能，导致市场供给减少。2022年需求复苏后，供求矛盾就凸显出来，如2020年原油期货遭遇了历史性的 -37.63 美元的价格。极端行情让很多油田封井，原油供应减少。全球原油的库存减少，但需求上来了，供给赶不上需求的上涨速度，能源短缺就出现了。能源跟其他商品不同，不是可有可无的，所以它的短缺影响是巨大的，还会引发连锁反应，资本市场的能源价格表现尤其明显。

第三，与全球范围内能源转型有关。2021年以来，不仅是我国，全世界都在寻求节能减排，最重要的途径是淘汰传统能源，加快引入清洁能源。以欧洲为例，早在几年前，欧洲就已经关停和淘汰了境内一些传统的发电厂，没有想到的是，包括太阳能发电、风力发电和水力发电在内的清洁能源都有一个共性，那就是受气候影响比较大，2022年极端气候导致欧洲的风力发电和水力发电供应不足。以英国为例，2017年英国国内风力发电占到全部发电来源的11%，一直走在世界前列，然而一场干旱导致英国国内的风力发电供应不上了。前几年，我们体会到了人力成本的提升，接下来的几年，能源类价格带来的通胀压力会越来越明显。

高价天然气对我国的影响

天然气曾经是价格低廉的大宗商品，转眼间就变成了"下一个铁矿石"，稳坐大宗商品涨价王的宝座，少则涨了200%，多则涨了超1 000%，造成了全球能源市场的震荡。

数据显示，截至2021年8月20日，美国天然气价格较2020年上涨了两倍。美国是页岩气生产大国，依靠页岩气革命实现了美国的能源独立。在这种情况下，美国天然气价格涨了两倍，说明天然气价格上涨动力非常强劲。亚洲是天然气的主要消费市场，在外部因素得到有效控制后，经济活动逐渐恢复，天然气价格在一年内涨了6倍，欧洲天然气价格在一年多的时间里涨了10倍。这些数字表明，廉价天然气的时代已经一去不复返了。

天然气价格急升的原因

首先是需求上涨。受全球极端天气频发的影响，2022年夏季，北美、欧洲遭遇千年一遇的高温天气，美国、加拿大多地气温飙升到40摄氏度以上，空调等制冷设备瞬间售罄。而美欧地区制冷供电的燃料包括天然气。热浪来袭，亟须制冷降温，天然气需求跟着激增，价格自然往上涨，但相较于铜铁铝等50%的上涨、铁矿石100%的上涨，天然气1 000%的爆发式增长严重超出了一般意义上的大幅上涨范畴，而制冷显然还不是推动天然气价格上涨的最关键因素。

最关键的因素是供给减少。天然气出口大国减少供应，全球天然气库存下降，这是推高天然气价格的关键原因。俄罗斯是世界上最大的天然气出口国，美国加大了对北溪二号项目的制裁力度和范围。北溪二号项目是铺设一条从俄罗斯经波罗的海海底到德国的天然气管道，这会使俄罗斯向德国的天然气出口翻番。由于美国的制裁，市场对未来北溪二号项目搁浅造成的欧洲，乃至全球用气短缺的问题深感担忧，这种恐慌情绪导致天然气价格暴涨。另外，2022年8月，俄罗斯对欧洲天然气骤然减产近50%。由于买方需求大增，卖方供应不足，天然气价格一涨再涨。

高价天然气对我国的影响

天然气被公认为是目前世界上最干净的化石能源，我国对天然气的需求逐年上升。但我国天然气储量和产量难以自给自足，这使得我国在2018年超过日本，成为世界上最大的天然气进口国。2020年我国天然气对外依存度高达43%，面对国际天然气价格不断上涨，受此影响最大的莫过于我国。值得庆幸的是，俄罗斯将会保障对中国市场的天然气供应。到2022年底，俄罗斯天然气对我国的每日输入量增加50%，此举无疑解了我国目前对天然气需求的燃眉之急。然而，在国际关系变幻莫测的格局下，我国需要做的是尽快走出这种能源供给安全的困境，只有这样才能在国际社会中站稳脚跟，不受他国制约，为中国的崛起铺好道路。

欧洲天然气价格剧烈震荡

2022年3月7日，欧洲天然气期货价格飙升到3 000美元/立方米，最高时达到3 500美元/立方米，再次刷新了历史最高价，而到了3月11日已连跌4天，价格不足最高点的一半。为何欧洲天然气价格会有如此大的波动？

首先，2022年2月，德国宣布暂停对北溪二号项目的认证。如果项目正常运行，会大大提高俄罗斯天然气出口到欧洲的总量；如果该项目被禁止运营，那就会削弱天然气的输送量。

其次，在局部不稳定的情况下，美国官方称，正努力削减西方对俄罗斯天然气的依赖，并扩大美国本土的能源出口。对俄制裁涉及原有天然气项目，将可能导致俄罗斯天然气出口量的减少甚至完全无法出口，如果发生以上两种情况，天然气在欧洲市场就会出现供不应求的局面。

最后，欧洲自身天然气能源储量、产量不足，而日常生活生产用气需求量极高。但到了3月11日,天然气价格连续下跌4天,价格已不到3月7日最高点的一半,这又是为什么?

第一,俄罗斯目前仍在稳定地输出天然气,俄罗斯宣布取消部分商品出口禁令,输气管道运营商也确认,俄罗斯通过乌克兰向欧洲输送天然气的出口一切正常。

第二,欧洲冬季取暖是天然气的主要用途之一,随着气温不断回升,取暖压力有所减缓,有数据表明,在2022年4月至10月,欧洲用气量明显降低。

第三,投资者获利了结。资本市场嗅觉最为敏锐,反应也是最快的,在对供应量的种种不确定因素下,欧洲天然气价格异常波动。

为何俄罗斯天然气出口会对欧洲有如此大的影响?

第一,世界范围内天然气储量排名前五的国家分别是俄罗斯、伊朗、卡塔尔、土库曼斯坦和美国,俄罗斯作为第一大储量国,总储量为37.8万亿立方米,约占全球探明储量的19.9%。

第二,看全球天然气出口,根据2020年的数据,排名前五的分别是俄罗斯、美国、中东地区、亚洲经合国家和非洲。俄罗斯作为天然气出口最多的国家,总出口量为2 381亿立方米,而70%出口到了欧洲,俄罗斯成为欧洲最大的天然气来源国。

从欧洲自身情况来看,欧洲天然气探明总储量仅为3.2万亿立方米，产量为 2 186 亿立方米，消费量却高达 5 411 亿立方米，消费量达产量的近 3 倍，自身能源结构问题导致欧洲只能依靠进口来解决能源消费问题，对天然气依赖程度特别大。在短期内，欧洲只能通过增加自有产量或寻求进口来替代俄罗斯能源，但欧洲产能空间有限。而美国等其他出口大国因距离较远，只能通过航运将液化天然气运送到欧洲，这将大大提高采购成本，而俄罗斯与欧洲在地理上比较近，而且有多条输气管道，这也加强了俄罗斯对欧洲的出口能力。

结论是，商品的价格由供求决定，天然气的价格也是如此，供过于求价格下降，供不应求价格上涨。

北溪二号被炸，影响几何

北溪二号在 2022 年 9 月 26 日发生水中爆炸，美国拍手叫好，俄罗斯则义愤填膺。北溪二号被炸，影响几何？

北溪二号的由来

早在 2011 年前，俄罗斯和欧洲几个国家就联合做了一个项目，俄罗斯有廉价的天然气，欧洲需要进口天然气，这些国家决定修建一条新的输气管道，取名为北溪二号。这是一条由俄罗斯经过波罗的海海底到德国的天然气管道，绕过乌克兰把天然气输送到德国，再通过德国干线管道输送到欧洲其他国家。几个国家商议成立一家公司，总部设在瑞士，项目预算需要110亿美元。俄罗斯天然气公司出资50%，剩下50%由德国、法国、荷兰、奥地利等国的企业共同出资。从评估到铺设完成项目耗时超过10年，管道长度约为1 230千米，一旦通气将为欧洲带来550亿立方米的天然气。

北溪二号在2021年9月6日建成，同年10月初开始试送气，却没有取得使用执照，管道的认证权在德国手中，可是德国一直没有定音。之所以叫作北溪二号，是因为还有一个北溪一号，2011年投入使用，所以这条管道叫作北溪二号。

北溪二号的重要性

天然气是俄罗斯的支柱产业之一，进口收入中的60%来自欧洲。欧洲国家每年消耗天然气总量约为5 000亿立方米，其中俄罗斯供给达到45%左右。油气收入对俄罗斯的重要性不言自明：在政府预算中占比达到75%~80%。如果北溪二号开通，与另一条运营的北溪一号天然气管道输送出的天然气加在一起，能达到每年1 100亿立方米。通过这两条管道，俄罗斯向欧洲的送气量达到了俄罗斯供给欧洲天然气的一半左右。

从俄罗斯输送天然气到欧洲是一个双赢之举，对欧洲一样关键。2021年冬天因缺电少气，欧洲在能源转型上感受到强烈阵痛。在经过漫长寒冷的冬季后，它们的天然气储量被大量消耗。欧洲经历了1961年以来风最少的夏季，而干旱使得水力发电受阻。

北溪二号的三方博弈

北溪二号在规划之时就一直伴随美国、欧盟、俄罗斯三方的博弈，这条管道背负着很多争议与阻力。自始至终美国都强烈反对这条天然气管道的修建，美国多次对项目相关实体与个人施加制裁，试图让德国彻底放弃这个项目。但德国政府认为这是一个商业项目，坚决不放弃。默克尔卸任德国总理前，于2021年7月访问美国，争取美国对北溪二号的制裁豁免。美国政府最后妥协，对这一项目放行。

美国担忧北溪二号是有私心的，一是它不愿意看到俄罗斯对欧洲的影响力增强，二是作为液化天然气的出口国，美国希望欧洲多采购自己的能源。欧洲内部也有同样的担忧。俄罗斯天然气输送到欧洲主要通过两条渠道：一条经过乌克兰，另一条经过白俄罗斯与波兰。不少欧洲国家不信任俄罗斯，害怕被俄罗斯掐住能源命脉，害怕天然气成为政治武器。对乌克兰而言，收取俄罗斯天然气过境费用是重要的收入来源，通常占到其财政收入的4%～7%。2020年，乌克兰从俄罗斯收取了20亿美元的过境费。但北溪二号绕道而行，降低的不仅是过境成本，更是乌克兰等国在地缘政治上的重要性。

在北溪二号未完成之前，欧洲从俄罗斯进口天然气管道是经过乌克兰的，而俄乌每次交恶都对输气管道进行威胁，小国能忍，德国是欧洲第一大经济体、世界第四大经济体，怎么可能忍受被他人掐脖子的事，北溪二号涉及德国的国运。这次北溪二号被炸，对俄罗斯和欧洲能源影响极大，未来结果如何，让我们拭目以待。

俄罗斯背水一战，欧洲饥寒交迫

俄乌冲突发生以来，美欧对俄制裁来势汹汹。俄罗斯背水一战，欧洲饥寒交迫。没有天然气，欧洲人就得冻着，没有粮食，欧洲人就得饿着。

没有天然气，欧洲人就得冻着

2022年4月1日在俄罗斯正式启动新天然气支付程序的第一天，寒潮真的来了。一股从北极来的强大冷气团掠过英国迅速向欧洲大陆推进，整个欧洲都在剧烈降温，欧洲各大城市普降大雪。有人说，制裁俄罗斯是为了保证欧洲安全，他们只能豁出去了。其实他们是豁不出去的，对欧洲人来讲，安全重要还是活着重要？

法国先扛不住了。法国总统在为大选而奔走时，一位民众质问："你跟我说乌克兰，但如果明天俄罗斯决定关掉天然气的阀门，我们该怎么办？"法国电价飙升，核电站有一半以上停工，为了百姓生活取暖，为了企业生产，法国明白只有与俄罗斯合作才有未来。

英国伦敦市中心爆发了大规模示威游行，民众要求首相下台，高呼我们要生活，我们要天然气。英国能源价格比一个月前上涨了54%，民众强烈不满。

德国柏林发生了5 000辆汽车参与的大规模示威游行，让总理下台，民众支持俄罗斯。德国是欧洲工业的中心，德国的钢铁、玻璃、食品和医药产品等制造商，都要依靠俄罗斯的能源进行生产。为了节约能源，德国官员呼吁，让德国民众在室内穿上毛衣保暖。德国居民已经开始囤积木材进行取暖。没有天然气,生产没有保障,百姓会挨冻,这是欧洲面临的寒冷局面。

没有粮食,欧洲人就得饿着

欧洲已经少油缺气了,但更大的危机正在酝酿。俄罗斯表态,只向友好国家以卢布和国家本币结算的方式出口粮食。同时俄方有可能会扩大禁止从西方国家进口商品的名单。欧盟一听就慌了,欧盟一半以上的玉米进口,大约1/5的软小麦进口,以及近1/4的植物油都来自乌克兰,目前乌克兰东部有6个粮仓已经被炸。

另外,作为"化肥王国"的俄罗斯,供给欧盟30%的化肥,而欧洲农民在高通胀的压力下,维持生计都成问题,他们在等待欧盟大规模的补助,有的国家已经不听指挥了。匈牙利对谷物出口实施了额外控制。如果再算上千万难民,以现有的库存,欧洲粮食支撑不了多久。

俄乌两国都是粮食出口大国,占世界25%,这个缺口是很难补上的。如果没有天然气,百姓还能砍木材,要是没了粮食,难道让人们啃树皮吗?据报道,有个欧洲老人这样说:"我本来过上了很体面的生活,我还可以度假。现在一切都变了,我甚至都支付不起电费和汽油费了。"欧洲本来是世人羡慕的地区,人们生活富裕，不愁吃穿，假期到处旅游。没想到地区冲突让欧洲人饥寒交迫，受冻挨饿。没有了石油和天然气，不能取暖，土豆都煮不熟。没有了粮食就烤不出面包。这让人们一下子认识到物质基础的重要性，一个是能源，一个是粮食，之外才是钱，才是银行和金融，如果没有了物质基础，一切就是空的。

英国贫民拒吃土豆

有媒体报道，英国贫民都不吃土豆了，因为他们支付不起煮土豆的燃料钱。英国有专门为接济当地穷人发放食品的慈善组织，叫食品银行。食品银行的工作人员说，前来领救济的人，不要土豆和其他根茎类蔬菜，他们会选择一包预先煮熟的米饭，而不要20分钟才能煮熟的生粮食，因为这些人负担不起煮土豆的燃料钱。

天然气价格上涨，对英国人来说是毁灭性的灾难，来食品银行的人大都处于相同的境地，靠最低工资生活，燃料价格上涨把他们推到了悬崖边。据英国国家统计局的数据，由于汽油、柴油等能源成本增加，英国从食品到玩具等各种商品的价格不断上涨，2022年2月CPI（消费价格指数）同比上涨

6.2%，为 30 年来最高，其食品价格的通胀率已逼近 10%。食品价格的全面上涨，给英国贫困家庭造成了沉重打击。

因油价上涨，工人短缺，运输成本飙升，电费增加，英国人每月挣的钱都不够花了。英国人不得不在取暖和吃饭中做出选择。很多人别无选择，只能去食品银行领取食品，接受救济。

更有甚者，英国有一款食品深受国民喜欢，就是炸鱼薯条，被称为"国菜"，连英国首相也非常喜欢吃。由于炸鱼薯条的原材料鳕鱼和葵花子油价格飙升，有机构表示，如果政府不出手干预，预计英国 1 万多家炸鱼薯条店超过半数会倒闭。照此下去，英国人连炸鱼薯条都吃不起了。

不仅如此，由于能源价格上涨，很多英国人交不起能源费用了，一位已退休的英国妇女为自己支付不起天然气账单而哭泣。上个月她的账单是 30 英镑，这个月就是 88 英镑。从原先不到 300 元人民币，一下子增加到 800 元，这让一般家庭怎么支付得起。对这位英国老人来说，这份账单让她的生活陷入了危机。2022 年，英国家庭的能源支出比 2021 年上涨了 25%，这让本就不富裕的家庭雪上加霜。

英国有 500 万人表示，他们无法承受 2022 年 4 月的能源价格上涨，20% 的英国成年人表示，未来 3 个月内，他们可能会借钱或使用信贷来维系关键性支出。现年 62 岁的伯恩，是曼彻斯特一名工作了41年的工人，他表示自2021年疫情失业后，在整个2022年里，他一直靠食品银行生活，房子里长期只开一盏灯。现在，他担心自己已经付不起供暖费用了。

高昂的燃料费让英国人的生活受到负面影响，能源和食品价格高涨，对英国百姓来说是最大的生存危机。

多地拉闸限电，我国电力为何紧缺

2021年9月，因为拉闸限电，吉林、辽宁两省的居民反映，大清早停水停电，家里一滴水都没有，马桶冲不了，手机没有信号，完全上不了网，家里没电做不了饭。有道路因红绿灯关闭产生拥堵，有居民要爬20多层的楼梯，部分商铺只能点蜡烛营业。有网友留言，看到限电通知后，下单买了100根蜡烛。东北民用限电，南方省份对工业用电进行了严格限制，较大企业被迫停工，也传出民用限电消息。我国电力为何突然不够用了？

造成这次电力紧缺的原因有以下几点：

第一，煤炭价格大幅上涨，供应出现短缺。2021年煤炭价格持续走高，9月16日到9月23日动力煤价格达到1 086

元/吨，同比上涨了近一倍，较年初上涨 56.26%。由于煤炭价格飙升，火力发电厂现在每发一度电都在赔钱。动力煤价格达到了多年未见上千元一吨的水平，严重偏离了电厂盈亏平衡点，火力发电厂发电越多亏损越大。

目前火力发电仍是我国发电的主要类型，2021 年中国能源结构中火力发电占 71.13%，在火力发电中，超过九成依靠燃煤发电，火力发电厂主要使用动力煤。但我国巨大的煤炭储量主要都是化工煤，动力煤需要进口，煤炭涨价增加了发电企业的成本，而国家电网的上网价格没有变化，所以发电企业生产越多亏损越多，限量生产就成了趋势。

第二，南方各省也缺电，南方主要靠水力发电，但 2021 年降水量很少，自然发电量不够。

第三，用电需求增加，加大了电力缺口。2021 年我国制造业恢复势头迅猛。受外部因素影响，除中国外，全球主要的生产国工厂停工现象比较普遍，比如印度和越南，海量海外订单纷纷涌入中国。2021 年上半年，我国货物贸易进出口总值达到 18.07 万亿元，比去年同期增长 27.1%，其中出口 9.85 万亿元，同比增长 28.1%。

这一轮多地拉闸限电还有一个更重要的原因，即在"能耗双控"的约束下，10 个省的政府猛踩刹车。但不管是哪一种原因，拉闸限电都暴露了一个问题，即一些地方在采取拉闸限电措施时，手段过于简单粗暴。民生问题是最大的问题，如果拉闸限电，那就必须考虑普通百姓的生活需求，做到提前通知，让大家有所准备。

可喜的是，国家电网表态：保障基本民生用电需求，最大可能避免出现拉闸限电的情况。有不少人建议，停了城市灯光秀等一些耗电项目。大家要养成节电的好习惯，14亿人口的大国，每人哪怕节约1度电，就有14亿度电可用。还有那些高耗能的企业，一定要做好产业升级的准备。

高温席卷欧洲，为何不装空调

2022年夏天，欧洲多国遭受了历史极端高温的考验。英国多地出现了40摄氏度的高温，已打破历史纪录。要知道，英国夏天平均温度也就20摄氏度，突然间温度飙升了一倍，造成至少14人死亡，多起火灾发生。和英国隔海相望的法国也面临同样的高温，一些地方平均温度达到42摄氏度以上，受高温影响，法国西南部一片森林着火，过火面积达2万公顷，相当于6个澳门特别行政区的面积，3.4万名居民被迫紧急疏散。受灾最严重的是西班牙和葡萄牙，高温已致 1 000 多人死亡。忍受不了高温的欧洲人都去抢住有空调的酒店。

面对如此高温，英国伦敦交通局说，英国仅有 40% 的地铁装了空调，建议大家出行要带水，时刻保持水分充足，以免发生意外。法国媒体建议民众睡前可以把被单放到冰箱冷冻几小时，这样拿出来再用有助于降温。对此很多人好奇，与其这样做为何不鼓励大家装空调？有调查显示，欧洲建筑物安装空调比率不足 20%，有空调家庭占比不足 5%。事实上，欧洲人空调安装率低主要有以下几个原因。

第一，安装费和电费很贵。法国巴黎的最低工资标准是 1 600 欧元（约合人民币 1.1 万元），扣除税费后，一对夫妻到手大约 2 800 欧元（约合人民币 1.9 万元），而一台 700 欧元的普通空调，加上安装费，约占收入的 1/2，如果是稍微大一点儿的分体空调，安装价格在 2 000 欧元（约合人民币 1.4 万元）左右。法国这种情况在英国、德国、西班牙等国都存在。就算有钱能装得起空调也交不起电费。2020 年世界家用电费排行榜排名前三的全是欧洲国家。2022 年夏天电价飙升，数据显示，折合成人民币每度电大概 2.76 元，是疫情前的 4~5 倍，而我国的用电价平均每度五六角。

第二，安装手续麻烦。以法国为例，要在自家阳台安装空调外机，通常需要征得楼上楼下邻居及物业管委会的同意，如果富人想在自己的别墅安装空调，还要去市政厅办理，获得政府许可才可以安装。

第三，与地理位置有关。西欧国家温和湿润，四季差别不大。以伦敦为例，夏天平均气温为20摄氏度，冬天很少有低于0摄氏度的情况。一年中高温天气没几天，确实不需要空调，最多买个电风扇就够了。于是，2022年夏天的持续高温让欧洲人措手不及。

第四，欧洲很多家庭不装空调是因为他们的环保意识比较强，在他们看来，安装空调会增加空气污染。空调排出来的热气也会导致气温上升，不利于环保，很多环保人士会自觉拒绝安装空调。

2022年3月以来，全球多地出现40摄氏度以上的高温，打破了许多历史纪录。为何会出现如此异常的天气？业界一致认为，关键还是全球变暖带来的影响，地球越来越像火球。早在2015年，世界各国就签署了《巴黎协定》，提出将全球平均气温较前工业化时期的上升幅度控制在2摄氏度以内，并努力将温度上升幅度限制在1.5摄氏度以内，全球变暖不仅会导致高温、暴雨和干旱等极端天气频发，还会造成电力、能源、粮食短缺。

2022年发生的一系列异常现象，也许就是地球发出的警告，世界气象组织近日表示，像本次欧洲热浪这样的极端高温未来将频繁出现，这一气候恶化趋势将至少持续到2060年。人类只有一个地球，我们要用实际行动减少碳排放。

四川太热了

都听过学生放暑假，你听过企业放暑假吗？

2022年入夏后，四川多地出现40摄氏度以上高温天气，突破历史纪录。成都有些写字楼因高温限电，部分企业开启居家办公模式，甚至有一些居民到古墓纳凉。因为用空调的人太多，导致用电量激增。为了确保民生用电不进行拉闸限电，8月14日四川宣布，除攀枝花、凉山外的19个市（州），大量工业企业生产全停，放高温假6天。

作为水电大省、西电东送输出地的四川省为何会出现电荒？

一方面是受高温影响。四川地处长江中上游，大小河流有1 400多条，有"千河之省"的称号。依托丰富的水力资源，当地能源结构以水力发电为主，约占全省发电量的80%。往年这时是丰水期，由于发出的电远高于用电量，水电站还会被迫放弃多余的水力发电量，数据显示，2016—2020 年，四川年均弃水力发电量超 100 亿千瓦时。谁承想，2022 年四川遭遇 60 年一遇的高温，平均降水量较常年少了 51%，水力发电看天吃饭，降水少了，供电就会下降。天气热了，开空调的人多了，用电量就会越来越大，当时四川日用电负荷已达 6 500 万千瓦时，接近经济大省广东的一半了。

另一方面，四川还要承担"西电东送"的任务。西电东送是指西部省份的电力资源，输送到电力紧缺的广东、华东和京津唐地区。截至 2022 年上半年，四川累计对外输送水电 1.35 万亿千瓦时。这些电足以满足上海 8～10 年全社会的用电需求。而四川在出现电荒时能不送或少送吗？答案是不能。在全国能源一盘棋的战略下，四川输出的电量由国家统一分配，省外和省内有固定分配比例，并不是省内用不完的电才输送到省外。不过好在后来来自 13 省（市）的 50 台应急发电车陆续抵达四川，支援四川供电，这一举措缓解了当地的电荒。

这次四川限电是发电少了，用电多了，而对外输送的电不能少，这是叠加因素造成的。但靠停工限电让电于民，只能是短暂应急，2022 年因为疫情，企业生产经营本身就受到了影响，又因电力不足，一些企业停工放假，这对企业及当地经济来说是难上加难。有数据显示，此次限电导致新能源电池的一种重要材料——碳酸锂产量减少了约 1 120 吨，占行业比重 3%；重要化工原料氢氧化锂产量减少了约 1 690 吨，占行业比重约 8%。更重要的是，四川是我国制造产业的重要区域，好多能源化工和电子信息企业在此设厂，四川限电停产，整个产业链也会受影响。

四川限电也给其他省（市）敲响警钟，如何应对电荒这样的突发情况。一方面，要大力发展储能技术，把平时多余的电储存起来，等到需要的时候再用。目前电化学储能是市场上关注度最高的储能技术，锂电池更是受到资本市场的青睐。另一方面，要继续推进特高压输电线路建设，特高压输电的主要特点是，输送容量大、输电距离远和电压高，大大加强了各地电力调配的效率。最后，在清洁能源发电技术没有完全成熟时，还是要保证火力发电的能力，以作为备用和应对突发情况。

俄罗斯切断天然气，欧洲还能撑多久

2022 年 9 月，俄罗斯正式宣布对欧洲输气的北溪一号"无限期关闭"。这条管道东起俄罗斯，经波罗的海海底通往德国，2021 年经由这条管道输送的天然气占到欧洲进口俄罗斯天然气总量的 35% 左右。

北溪一号无限期关闭消息一出，9 月 5 日欧洲天然气价格再度暴涨 30%，达到每千立方米 2 800 美元以上（接近每立方米 20 元人民币）。相较于冲突前的每千立方米 300 美元，上涨了近 10 倍。现在欧洲人已开始劈柴取暖，德国以前火葬场一炉烧一个人，为节约能源现在 5 个人一起烧。捷克首都布拉格爆发了 7 万人的大规模示威游行，欧洲其他国家也爆发了大规模示威游行，示威者要求政府控制能源价格的飙升。

面对愈演愈烈的能源危机，法、德这样的大国短期还能承受，但捷克这样的小国对俄罗斯天然气依赖度超过 60%，一旦断气根本受不了。按往年的情况，欧洲从 10 月开始就会进入冬季。但一些科学家认为，2022 年欧洲夏天遭遇极端高温，冬天与往年相比可能会更冷，到那时天然气的价格会更贵。从表面上看，欧洲能源危机是因为 2022 年初俄乌冲突导致的，其实这是美国精心策划的对欧洲经济的掠夺。

美国一直想取代俄罗斯，成为欧洲天然气市场的供应商，这场战争正好给了美国机会。有数据显示，2021 年欧洲进口的液化天然气，每天约 9 600 万立方米。而 2022 年每天增加到 1.95 亿立方米，新增的（每天）1 亿多立方米的进口量大部分来自美国，进口价高于市场价 10 倍。2022 年，仅天然气这一项美国就从欧洲多赚了上千亿美元。作为世界头号强国,美国想赚更多钱,就会加大援助乌克兰、制裁俄罗斯的力度,让欧洲和俄罗斯关系更紧张,进而导致欧洲出现严重的后果。这表现在两个方面。

第一,资本出逃。面对涨上天的能源价格,欧洲企业和工厂开工一天就亏一天,出路除了倒闭就是出逃到稳定安全的地方,美国就成为首选,这让美国经济受益,欧洲经济受损。

第二,欧元贬值。受战争影响,大量资金从欧洲出逃,欧元兑美元汇率大幅贬值。截至2022年9月6日,欧元兑美元汇率跌至0.99美元,创20年来新低。欧元大幅贬值意味着,消费者购买国际商品更贵了,需要花的钱更多了,而美元大幅升值,则意味着以美元计价的资产升值了。通过汇率贬值,欧洲财富回流到美国。当下欧洲面临着经济衰退、政治动荡、通货膨胀三座大山,欧洲已成为一个巨大且危险的火药桶。留给欧洲的时间不多了,没有俄罗斯的天然气,欧洲的寒冬怎么度过?欧洲还有什么路可走?要么用骨气挺过这个寒冬,要么恢复和俄罗斯的关系,让经济回到正常轨道。当然,也不排除第三种可能,就是在美国的逼迫下,和俄罗斯彻底闹僵,引发更大规模的冲突。

第3章 美国加息，通胀来了

美国通胀了，中国怎么办

美国2022年2月CPI同比上涨7.9%，美元贬值了，这意味着美国只有加息一条路了。3月17日加息已成定局，只是加息0.25%还是0.5%的区别。加息0.25%不起作用，解决不了任何问题，但一次性加息0.5%，美联储又担心市场震动太大。我们说，就算美国加息0.5%，和美国通胀相比还差7.4%。如果美元贬值了，谁还愿意持有美元呢？

当时，市场预期美元3月会率先加息，美元升值，让各国资金回流到美国。面对通胀，美元要加息到什么程度才能让海外的钱回流到美国？美联储骑虎难下，外部因素和俄乌冲突导致石油、天然气、大宗原材料、粮食、货物运输等都出现了问题，能源价格飙升，天然气价格涨到每千立方米3 000美元，石油价格超过每桶130美元，都创下了历史新高。美国通胀率也创下了40年来的新高。

石油和粮食是世界上最重要的物质基础，没有石油，机器没有饭吃；没有粮食，人类没有饭吃。这两个基础如果都出问题，会导致什么结果？

美国出现高通胀，价格是传导的。居民每月收入是一定的，如果燃料取暖和加油费用增加了，人们就会节衣缩食减少别的消费，这会影响美国经济的复苏。本来的好局面被高通胀拦住了。美国原以为制裁俄罗斯，对俄罗斯石油、天然气和煤炭都实行禁运，不进口俄罗斯石油，等美国一加息，全球资金就会流向美国。没想到的是，外面的钱还没有进来，加息还没开始，美国的通胀就控制不住了，通胀率达到7.9%。加息是为了控制通胀，这样一来美国的经济就会放缓，但是不加息会加剧通胀。美国面临两难选择。

当前欧洲有能源问题，非洲有粮食问题，粮食涨价带动其他价格上涨。国外能源和粮食价格都在涨，中国需要进口能源和粮食，因此也会影响到我们。当今世界彼此相连，美国通胀率7.9%，欧元区2022年核心通胀率为5%，2022年4月俄罗斯通胀率升至17.8%，全世界的通胀率都在涨，我国也不可能独善其身。

我国面临的问题是，经济还很冷，消费和投资还没有完全起来。为拉升经济，我国财政加大减税退税力度，加大财政支出力度，实行宽松的货币政策，还有可能降息和降准。我国经济踩油门，美国经济踩刹车。

美国加息是给通货膨胀降温，其实美国经济还没有完全热起来。新冠病毒感染疫情以来，美国经济刚开始复苏，但所有商品价格就立刻涨了起来，通货膨胀来了，美国不得不加息。我国经济还没有完全缓过来，我国财政和货币政策都在给经济踩油门，比如，减税降费给中小企业注入活力，做投资搞基建，等等，都是为了刺激经济发展，刺激百姓消费和投资。

美国加息从零利率开始，我国利率为3%，中美利差还有3%，因此我国利率有下降的空间。但国际大宗原材料涨价对中国经济影响较大，进口原材料涨价了，我国生产企业就会给产品涨价，最后涨价会传导到消费品。通货膨胀具有传染性。美国加息多少，它对各国货币政策的影响如何，我们拭目以待。

俄乌冲突对全球通胀的影响

爆发于2022年初的俄乌冲突，对全球通胀有什么影响？

俄罗斯是石油和天然气的生产大国。天然气主要供应欧洲各国。俄乌发生战争，受冲击的是欧洲，因为欧洲各国冬天取暖和生产都用天然气。

近5年来，欧洲进口俄罗斯天然气比例始终保持在40%左右，欧洲需要的天然气比较多，而天然气的库存本来就低，俄乌冲突导致欧洲能源紧张。

俄罗斯运往欧洲的天然气近1/3需途经乌克兰，人们最大的担心是，欧洲会出现天然气断供，这对欧洲经济将是一个打击。

俄罗斯在"冷战"期间也从未断过对欧洲出口天然气，因为天然气出口对俄罗斯经济很重要。所以不到迫不得已，俄罗斯不会中断对欧洲天然气的供应。还有一种可能，如果以美国为首的西方国家一定要制裁俄罗斯，不让俄罗斯的天然气出口，欧洲这个冬天就会有些冷。

还有一个大问题是石油，美欧有可能对俄罗斯出口石油进行限制，这将对油价产生比较大的影响。战争打响后，石油升破每桶100美元。俄罗斯是第二大石油出口国，仅次于沙特阿拉伯，高于美国。2020年的数据显示，俄罗斯排第二，美国排第四。现在俄罗斯有一部分石油出口给欧洲，还有一部分石油出口给中国，给中国的石油不会受到太大影响。但俄乌冲突导致石油供给减少，将会推升大宗原材料价格上涨。

俄乌冲突对全球有如下影响。

第一，对通胀的影响。对主要经济体的风险点在于，有可能进一步推升通货膨胀压力，美国通胀率是7.9%，欧洲的通胀率是5%，它们的目标都是2%，如果价格继续上涨，通胀上升的压力就更大了。这一过程是这样传导的，天然气供应紧张，导致电力价格上涨，供暖费上升，人们花在取暖上的费用提高，从而挤压其他消费。例如，英国人会考虑是让自己更暖和一些，还是吃得更饱一些，很多穷人都在艰难选择中度日。

第二，对央行加息的影响。如果通胀率更高，欧美央行怎么应对？在没有继续推高能源价格的情况下，美联储2022年3月进入了加息周期。天然气涨价，消费者没钱了，这说的是欧洲。石油价格涨了，美国人开车费用增多，导致美国和欧洲的货币政策收紧。收紧政策后的经济会怎样？这是我们要关注的，因为它很快会影响到我国经济。

第三，对油价的影响。石油价格短线是上涨的，最后油价由石油的供求说了算。

第四，对金价的影响。战争打响，黄金成了避险资产。

美联储加息了，中国如何应对

2022年3月16日，美联储宣布加息。16日下午，我国国务院金融稳定发展委员会开会表示，要保持经济运行在合理空间，保持我国资本市场平稳运行。会后中国人民银行、财政部、银保监会、中国证券监督管理委员会、国家外汇管理局5个部门都表态要维稳。这些就是为了应对美联储加息，稳住股市。为什么要这样做？因为我们要防范美国加息可能对中国股市造成的冲击。我国提前做出了应对措施。

美国收紧货币政策，用加息的手段来对付通货膨胀，但美国加息对我国影响并不大。我国2022年的经济增长目标为5.5%，为实现这个目标，我国的货币政策是宽松的，因为我国没有通胀压力，政策面对的是刺激经济，鼓励消费，解决就业问题。我们执行自己的货币政策，不会跟着美国加息。

有人担心，如果我国不加息，国际通货膨胀会传导到我国。他们一是担心能源价格，二是担心粮食价格。先分析第一点，能源价格占我国CPI 2%~3%的权重，而且国际燃油价格和汽油价格涨到每桶130美元以上是不传导的，因为我国有规定，高于每桶130美元的部分由国家来承担，这一点不必担心，涨价部分由国家买单。

国际粮价上涨会影响中国粮价吗？有两点分析，一是我国小麦自给自足，产量足够，小麦进口量不到6%，玉米进口量不到10%。而且农产品的替代性很强，猪饲料不用玉米可以用别的。二是这一季乌克兰播不了种子，收成不好，时间长了就会想出别的办法。国际粮价有可能是一个问题，但我国粮食并不是特别依赖进口，所以长期看，我国粮价非常稳定。

目前我国消费复苏比较慢，需要担心的是，美国央行收紧货币政策，退出量化宽松，国外需求就会下降，这会导致我国出口需求减少。例如，由于能源价格太高，当供暖、开车、加油价格都上去后，欧元区居民在其他方面，如衣服、家具和灯饰品上的需求就会减少，因为没有钱，其他消费就会受到挤压，他们不消费，进口需求少了，直接风险是外需走弱。中国面临的问题是内需疲软，当外需走弱、国外需求下降时，我们更应该重视这些问题。

我国眼下要做的是刺激经济发展，加大内需，拉动经济增长，解决就业，让更多人有工作，这样中国经济才能发展起来。

因此，我国央行不但不会跟随美国加息，还有可能降息。有人担心，不加息人民币就会贬值。的确，短期内人民币是有可能贬值的，但货币贬值有利于出口，不利于进口。长期来看，不会影响人民币升值。我国经济增长了，人民币购买力增强了，从长远看人民币会升值。

美国加息了，世界经济的不确定性增加了，作为个人该怎么办？我个人的建议是谨慎投资，珍惜工作岗位，尽量别辞掉工作。手里存点儿钱，以备不时之需。

欧洲、日本加息吗？

2022年3月16日，美联储宣布加息，基准利率上调25个基点，加息0.25%。这是美联储三年多来首次开启加息周期。美国加息，欧洲、日本央行会跟着加息吗？

美国为何加息

2020年新冠病毒感染疫情暴发，美联储采取了零利率加量化宽松的货币政策。美国央行放水，美国政府给国民发钱。国民有钱去消费，企业以零利率贷款去投资，就这样美国经济开始走强，失业率降到3.8%。没有想到的是，2022年美国通胀率一度高达7.9%。总需求太强，总供给不足，这时就不适合零利率了。美国经济过热怎么办？美联储采用加息手段给美国经济降温。

加息意味着，个人和企业的存贷款利率升高了。贷款利率高了，不利于个人消费和企业投资，会让经济放慢速度。但不加息控制不住通货膨胀，经济高增长就被通货膨胀抵消了。加息还会对股市、债券市场、大宗原材料市场等产生很大的影响。

欧洲和日本央行加不加息？

欧洲央行表示，要退出量化宽松的货币计划。欧洲和美国的不同点在于，美国通胀上行压力大。新冠病毒感染疫情导致货物价格上涨，美国的二手车非常贵，2021年价格飙升了40%，能源、大宗商品的价格都在上涨。对美国来说，服务业价格上涨是最大的问题，美国服务业占GDP的比重很大。服务业价格上涨有两个原因：第一，工资上涨速度快，因为劳工短缺；第二，房地产热，导致房租涨得快。这次通胀压力大而广泛，工资上涨了，房租上涨了，饭费、油费都上涨了。例如，没有人愿意到港口卸货，因为开车汽油费太贵了，跑一趟不合适，也没有人愿意去餐馆打工，因为挣钱太少了。怎么办？只能涨工资，这就形成了工资涨、通胀预期高、工资再涨的循环。

这就是美国要加息、加息比别的国家早、加息的次数比别的国家多的原因。但欧洲工资涨得没有美国快，整体工资压力不大，所以欧洲现在是在退出宽松政策。

日本央行没有加息空间。日本也有2%的通胀目标，但它从来就没有达到过。日本通胀压力和欧美不同，日本有太长时间的通缩，国人对通胀预期低。日本每年通胀都不调价格。在日本，哪个商家如果要涨价，就要对日本国民道歉。2014年商家涨价，日本人就买一些价格稍微低的商品。日本人的工资不涨，国民不能承担物价的上涨。所以，日本退出负利率概率比较小。

日本是一个商品进口大国，如果能源价格一直维持高位，农产品、进口货物通胀率会很高，短期内会超过2%。日本政府想用一些燃油补贴控制价格，如果推高通胀，对经济增长不利。

俄罗斯央行会不会跟着美国加息？俄罗斯在2022年3月提前加息，其利率已经达到20%。

美国加息等于美元升值，不加息的国家货币就会相对贬值。这些国家如果不跟着美国加息，本国货币就会流进美国。但跟着加息，不利于本国经济发展。因为各国经济形势还不太好，一旦加息，个人和企业贷款成本就会升高。

总而言之，美国加息对各国央行来说都是一个两难的选择。有人这样形容：美联储打个喷嚏，全世界就要下雨。

美国又对东南亚下手了

美国收割完欧洲，又对东南亚下手了。2022年，东南亚从股市到外汇市场，从经济到政治，处处充满危机。越南股市从4月以来连续大跌。截至5月17日，胡志明指数已从2021年的1 530点跌至1 224点。印度尼西亚则遭遇了股债双降，印度尼西亚盾跌至2020年11月以来的最低。斯里兰卡情况更糟，截至2022年5月，全国大面积停电缺粮，面临着510亿美元的债务，可动用的外汇储备只有5 000万美元，总理辞职，国家进入紧急状态。这些都不是巧合，背后是美元霸权收割全球的基本套路。这个过程是：美联储先降息，美元在国内赚不到钱，就流入发展中国家，推高那里的楼价、股价；之后美联储突然加息，资本看到美国有钱可赚，纷纷流回美国，造成发展中国家的楼市、股市等资产贬值，美元资本再杀个回马枪，收购发展中国家的资产。

按照这个逻辑，回望一下最近股市很火的越南，在新冠病毒感染疫情这几年，越南股市被称为全球最引人注目的靓仔，胡志明指数从2020年的780点跃升至2021年的1 530点，涨幅近一倍。再说楼市，以越南第一大城市胡志明市来说，6年前这个城市的平价楼盘价格是790美元/平方米，2022年最高已涨到2 200美元/平方米，涨幅近两倍。这个场景像极了十几年前我国楼市起飞的样子。在外贸方面，2022年一季度越南进出口总额1 763.5亿美元，同比增长14.4%。前段时间媒体上都是越南外贸超越中国深圳，越南要取代中国世界工厂地位的新闻。当越南中产阶层喜笑颜开时，大洋彼岸的美国人也笑了，"猪养肥了，可以宰了"。

越南也好，印度尼西亚、斯里兰卡也罢，整个东南亚繁荣的背后都离不开美元的支持，股市极度依赖外资，代加工的企业好多都是美国企业，以美元结算。所以，美国开始加息，东南亚想不接受美国的收割套路是不行的。

事实上，1982年拉美主权债务危机、1990年日本经济泡沫、1997年东南亚金融危机、2007年美国次贷危机都是美联储加息导致的。2022年东南亚面临的危机可能是前奏，真正的暴风雨还在后面。届时，等待东南亚的可能又是股市暴跌—汇率贬值—资本外流—局势动荡—资产暴跌—外资抄底这一熟悉的流程。一个国家只有经济好了，综合国力强了，才能避免被美国一次又一次地收割财富。

斯里兰卡破产

新冠病毒感染疫情发生后，2022年首个破产的国家出现了，那就是斯里兰卡。斯里兰卡是印度洋上的一个岛国，位于印度东南部，国土面积6.561万平方千米，约有2 200万人口。斯里兰卡的地形像一颗宝石，那里盛产红茶和宝石，地理位置接近赤道，终年如夏，是一个热带岛国，有着美丽的海滨风光，是一个充满魅力的旅游胜地。

斯里兰卡为何破产了？因为资不抵债，还不起外债，所以国家宣布破产。

2022年以来，斯里兰卡的日子非常不好过。联合国粮食及农业组织把它列为需要粮食援助的国家。造成这一切的原因是，斯里兰卡持续爆发经济危机。从1983年到2009年经历了长达26年的内战。内战结束后，政府通过大量借债来重振经济。2021年外债总额已达510亿美元，如此大规模的举债发展，为国家破产埋下了隐患。

2019年新政府上台后，进行了全方位改革，鼓吹无限印钞的经济理论，认为财政赤字不可怕，只要维持充分就业和低通胀就可以。在不到两年的时间里，斯里兰卡的货币供应量增加了42%。货币大幅贬值，通胀率超过54%。单凭这一点还不足以让一国短期内经济崩溃。外部因素严重冲击了旅游业，让占GDP总量约10%的产业瞬间垮掉。

2 200万人口既面临能源供应告急，又面临粮食价格暴涨，一日三餐都无法保证的严峻局面，斯里兰卡翻身无望。在斯里兰卡，大米、糖、牛奶等生活必需品已被限量供应。由于能源短缺，国内的加油站和加气站都暂停营业。燃料供应不上，发电厂无法发电，停电成为家常便饭，最多时一天能停电16个小时。

斯里兰卡国内80%的百姓连饭都吃不饱，按理说，斯里兰卡是一个气候适宜的热带国家，国土面积61%是耕地，为何吃不饱饭呢？2021年政府下令，农业生产禁止使用化肥和农药，理由是大量进口化肥和农药要消耗外汇。面对日益减少的外汇储备，只能先保民生紧急用品。但不使用化肥和农药，土地肥力下降，2021年稻米减产14%，于是又大幅提高粮食进口，这进一步消耗了原本就不足的外汇储备，造成恶性循环。

事情到了这个地步，在一个本来就贫富分化严重的国家里，当80%的百姓连饭都吃不饱时，多么疯狂的事情都有可能出现。更让人担忧的是，这种状态可能不仅仅存在于斯里兰卡一国，那些经济基础薄弱、对外依存度较高的发展中国家，尤其是在美联储开启加息周期后，会面临更大的风险。

美国大幅加息，对中国有何影响

2022年6月16日，美联储宣布加息75个基点。美联储明确表示，要控制通胀。美国为何要这么大幅加息，这对美国的影响是什么，对中国的影响又如何？让我们来分析一下。

这次是美国自1994年以来最多的加息量，2022年第一次是25个基点，第二次是50个基点，第三次是75个基点。美联储为了控制通胀，加息的速度很快。

为何加息这么快？2022年6月10日美国出了通胀报告，数据高于市场预期。市场预计8.3%，结果CPI是8.6%，最重要的是，环比增速非常快，接近1%，如果CPI一个月增长1%，一年CPI就会增长约12%，这太可怕了。

2022年初美国认为，2021年的通胀是因为二手车价格太高。2021年是因为供给出了问题，货物价格上升的原因是政策刺激发钱，需求增加，但货物供应受疫情影响，导致供不应求，价格上去了。2022年疫情形势变好了，供给量瓶颈应该有所缓和，价格会下降。但 2022 年的问题是，货物价格没有降下来，能源价格上升，汽油价格上升，俄乌冲突导致能源市场紧张。

更重要的是，服务行业价格升得非常快，其中一个原因是劳工市场恢复，失业率低，导致工资增长的年化率在 5% 以上。劳工成本上升，服务行业价格上升，很多通胀项目，比如租金和医疗服务增长的年化率都在 5% 以上。问题在于，如果服务市场工资增长过快，是非常有趋势性的，很难自己降下来，今年工资涨了 5%，明年就不可能降下来。

此外，由于经济重启，机票价格涨得很快。美国为何加息 75 个基点？是因为它发现高通胀非常有黏性，一旦达到趋势性增长，就必须以收紧货币的方式让需求降下来，这样才能控制通胀。简单说，美国是经济过热，供不应求，所以美联储要做的是给经济降温，让需求降下来，控制通胀。美国表示，有决心将通胀率控制到 2%。但它面临的问题是，通胀率很高，如果不控制就降不下来。美国更担心的是，如果通胀预期变得很高，那就会有一个螺旋产生。例如，一个人在冰上被人推了一下，就停不下来了。经济学上把这种现象叫作通货膨胀螺旋。所以，美国这次直接加息 75 个基点，想要比较快速地控制通胀。

这对美国经济有什么影响呢？美国原来是双目标控制，即控制通胀率和失业率，现在是放弃失业率，主要目标是控制通胀率。由于政策过紧，美国经济走入衰退的概率增大了。从经济学角度讲，加息对经济的反应要两个季度，不是很容易见到效果，等见到效果时，就是滞后反应了。虽然数据没有显现，但美国房地产市场已经开始慢慢变冷。

再来看对中国的影响。如果美国继续快速收紧，一段时间内美元处于较强的位置，就会对人民币产生一定的压力。但如果美国能较好地控制通胀，我国进口的通胀压力就会小一点儿，这会减少输入性通胀。如果美国的货物市场和能源市场需求不那么强，我国就不会有通胀压力。但这会对我国的货物出口需求产生影响，从现在往后看，我国一定会加大内需，如果美国经济发展有所放缓，对我国就会产生不利影响。

那么，美国为何非要加息，弄得世界各国都跟着波动？

其实，如果美国不加息可能对形势更不利。因为如果通胀控制不住，美国就可能出现更大的问题，它别无选择。

我国疫情形势好转，会有自己的经济走势，2022年5月的数据比4月的好，这是政策在发力，我国经济正在复苏。那么，中国经济怎么样？可以说，在未来所有国家都不好的情况下，中国经济有可能是最好的。

通货膨胀，"劫贫济富"

新冠病毒感染疫情发展至今，全球经济遭遇了二战以来最大的衰退。平均每 33 小时，就有 100 万人深陷贫困。与此同时，每 30 小时，就会新增一名身家超过 10 亿美元的亿万富翁。一边是无数普通人收入大跌，甚至丢掉饭碗，另一边是亿万富翁的财富暴涨，两年不到，他们的财富增幅就超出此前 14 年的总和。

这种现象的出现，跟全球央行多次大放水有关。每次放水对普通人和富人的影响都截然不同，普通人的财富被稀释，富人趁势完成财富增值。解释这种现象先得从一个经济学概念说起，那就是坎蒂隆效应。

如果一个国家印出来的钞票在一瞬间均匀地落在每个人的口袋里，那么我们的财富是不是都不会受影响？就好比我们财富的数额后面都加了一个 0，所有商品的价格也都加了一个 0，我们该怎么生活还怎么生活，也不会有通货膨胀。但现实并不是这样的。经济学家坎蒂隆发现，现实中新增钞票流入社会的过程，是一部分人先拿到它，一部分人后拿到它，先拿到它的人通过商品交易慢慢让更多的人拿到。

刚开始，大家感觉不到通货膨胀。但随着一些先拿到钱的人去买自己喜欢的商品，市场上流通的货币逐渐增多，物价就被慢慢抬高了。然后大家就会发现，房子贵了，车子贵了，蔬菜、猪肉、日用品都变贵了，这时才反应过来，通货膨胀来了。

既然钞票流入社会有先后顺序，那么它先流到哪儿后流到哪儿，对哪些人有利，对哪些人不利呢？

央行印钞，首先流进银行，银行通过放贷让钱流入市场。银行放贷主要有两种形式，一是抵押贷款，二是信用贷款。对一般老百姓和中小企业而言，信用贷款有很多限制，很难满足全部条件，而抵押贷款需要有可抵押或质押的资产。

显然，相较于普通人，富人有更多的资产可抵押，所以他们能先拿到钱，先消费，等于获得了额外的购买力。

富人拿到钱会优先把钱投向哪里？他们当然会去追求投资回报高的资产，比如去股市、债券市场。在这个过程中，那些手里有大量股票、债券、基金和房产的人，他们也优先拿到了钱，在物价还没有上涨前去消费，去买车、买衣服、买家电等。

商品价格通过一轮轮传导纷纷涨价。那些领着固定工资或者领着退休金、保险金的人就比较倒霉了。因为他们是货币流入社会的最后一环，所以他们的资金涨得最慢。因此，在一段时间里我们会看到，除了工资不涨，其他的都在涨。

说到这里你就知道为什么每次通货膨胀都对富人有利，对普通人相对不利了。因为在富人的财富结构中，资产比例更大，他们持有的股票、债券、基金和实物资产更多，现金只占很小一部分。所以，一方面他们能通过资产抵押率先拿到贷款；另一方面，因为资金流入的顺序，他们的资产能率先完成增值。

普通人大多把钱存在银行里，现金存款比例大，资产比例小。所以，通货膨胀一旦来临，财富就很容易缩水。

随着全球经济的复苏，我们将迎来一个低利率时代。普通人该如何应对通胀带来的财富缩水？过去可以闭眼买房，但随着房地产时代的落幕，财富正从房地产转向资本市场，去哺育更多的科技企业。资本奔向哪里，财富就在哪里，作为普通投资者，也要跟上时代的步伐，掌握更多的投资理财知识。

美联储又加息了：鱼和熊掌不可兼得

2022年9月21日，美联储又加息了，宣布加息75个基点到3%~3.25%。这是美联储2022年的第5次加息，这些加息中有3次加息了75个基点。可见美国加息力度之大、之猛，2022年3月到9月，仅半年时间利率就从0～0.25%，一口气加到了3%～3.25%，累计加息3%。

让我们分析一下这次加息的影响。

关于加息，美联储主席说，美国的目标是把通胀率控制到2%，加息会使经济增长放缓，就业形势也会变差，但没有办法，美国想稳定物价，不想让通胀率更高。

美国央行加息的代价是什么？

美国想通过加息降低通胀率，但代价是必须接受一个低的经济增长率，鱼和熊掌不可兼得，任何选择都是有代价的。美国2022年8月CPI同比上涨8.3%，就算美元加息到3%，和美国CPI比还差了5.3%，随着美元加息幅度的不断加大，加息到一定程度美国股市就有风险了。如果存钱合适，谁还愿意去炒股。加息增加了买房人的还贷成本，增加了企业的贷款成本，这样一来，还有谁愿意去消费、买房、投资、创业？无论是消费还是投资，加息都使其成本变高了。如果预期经济会下行，衰退会到来，谁还敢行动？如果大家都不行动，虽然通胀率会降下来，但经济增速也会降下来，失业会增加，这有可能导致美国经济再次进入衰退，全球经济都会受到影响，我国经济也不能独善其身。这是我们要考虑的事情。

再来看世界，美联储加息等于美元升值，不加息的国家货币就会相对贬值。谁不跟着美国加息，本国货币就会流进美国，但跟着加息，又不利于本国经济发展。眼下各国经济形势都不好，一旦加息不利于经济恢复，所以说，美国大幅加息对各国央行都是一个两难选择。

美国加息对中国经济影响如何？

美国大幅加息后经济发展有所放缓，这对我国是不利的。一是影响人民币汇率继续走低；二是美国经济衰退会影响到我国的出口；三是美国加息控制通胀，我国降息提振经济。面对这种局面，我国一定会提升内需。

宏观经济是牵一发而动全身的，如果外围经济不好，我国出口就会不好，与出口相关的行业也会受到影响。如果美国股市下跌，那么我国股市也好不到哪里去，世界经济会出现一荣俱荣、一损俱损的局面。

日本还能撑多久

2022 年 2 月，1 美元兑换 115 日元，后来 1 美元能兑换

140日元。如果按1美元兑140日元计算，2022年日本名义GDP时隔30年首次低于4万亿美元，与第四位德国持平。不仅如此，以美元计价的日经平均指数2022年下跌了20%，日本工资也退回到30年前。总而言之，日本现在汇率跌，股市跌，工资也跌。

为何美国加息，日本最倒霉？因为美国踩刹车，日本却在踩油门。2022年美国5次加息，累计加了300个基点，各国都在你追我赶地加息，但日本死守负利率政策不变，目前日本的利率是-0.1%，其他国家都害怕发生通胀，只有日本害怕发生通缩。

自20世纪90年代日本房地产泡沫破灭后，日本就陷入了严重通缩。日本国民对未来抱着强烈的不安，无论是老年人还是年轻人都不完全信任政府，不敢乱花钱，也不愿意负债。很多年轻人认为不需要车、房，不需要结婚，不想生孩子，就想一个人自由自在地生活。

国民不消费，经济就会逐渐恶化。2008年金融危机后，日本通缩就在加剧，日本GDP从巅峰时期的全球经济总量占比15%，萎缩到只占4%。为了刺激消费，这些年日本一直采取超宽松货币政策，并且每年都会设置一个提升通胀率的目标。

但日本刺激消费太难了。2020年以来，同样是货币宽松政策，美国个人消费支出增加了10%，而日本个人消费支出却下滑了5%。尽管日本2022年8月CPI同比上涨3%创下了新高，但剔除能源和生鲜食品后，日本CPI上涨只有1.6%，仍然低于日本央行2%的通胀目标。这是日本面临的现状，其他国家都担心踩油门踩过头，日本虽然也在不断踩油门，但车子就是开不起来。

美国踩刹车了，日本继续踩油门，后果是什么？那就是日元兑美元大幅贬值，使日本名义GDP缩水。日本央行一直坚持负利率，截至2022年9月，日本家庭手握着超过1 000万亿日元的闲置资产，准备转移至海外。

除了资金出逃，日本进口商品的成本大增。日本能源和粮食比较依赖进口，截至2022年12月27日，其国内粮食自给率为38%左右，不过日本在大米、蔬菜、乳油蛋奶等口粮方面的自给率较高，粮食进口主要是给畜牧家禽吃，或者用于工业消耗，因此进口价格上涨影响相对较小。但在能源方面，截至2021年3月的2020年财务，日本能源自给率仅为11.2%。1998年，日本95.2%的煤炭、99.7%的石油、96.4%的天然气，以及100%的铁矿石都依赖进口。日元走低会使进口能源的价格上涨，上游企业的日子更加艰难，经过价格传导，电价、燃气费、油价等最终会被推高，日本百姓的生活成本也会增加。

日元贬值还会影响日元的国际地位。2022年1月，日元在国际支付中的占比是2.79%，仅次于美元、欧元、英镑和人民币，位居世界第五。在日元持续走弱的情况下，还有多少国家敢储备日元？

日本经济是踩刹车还是踩油门，这对日本政府来说是两难选择。以前日本经济不增长，表现为通缩，如今表现为通胀，但日本经济仍然不增长。2022年10月，日本央行将利率维持在–0.1%，外界推测日本央行短期内仍然不会加息，面对美国来势汹汹的加息周期，日本还能撑多久？

英国金融大地震

2022年9月底，英国股市、债券市场、外汇市场都在暴跌。为何英国会出现金融大地震？

一般来说，政府管理一国金融需要两个部门：一是财政部，二是中央银行。财政部负责财政政策，中央银行负责货币政策，国家通过这两个部门来调控宏观经济。可英国这两个部门出的招儿相互矛盾，左手打右手，导致英国金融大地震。

首先，2022年9月英国财政部宣布大规模减税计划，包括给富人减税，从45%降到40%，并用450亿英镑刺激经济。这轮减税是英国自1972年以来最激进的减税方案，但财政部只公布了减税方案，没有公布相应的减少财政支出的计划，人们认为政府要借债了。人们最担心的是政府大规模刺激会加大政府的债务风险，所以英国债务被抛售。

其次，英国央行2022年9月宣布加息到2.25%，想降低通胀率。英国7月通胀率达到10.2%，大大高于美国的通胀率，英国央行开始大幅加息，但加息对经济增长和股市都有一定的压力，导致英国股市暴跌。

英国财政部认为，经济遇冷需要减税；而英国央行认为，通胀控制不住需要加息。英国一脚踩油门，一脚踩刹车，于是出现了股市跌、债券市场跌、外汇市场跌的三跌局面，人们担心英国经济会崩溃。

英国央行用加息控制通胀，财政部用减税刺激经济，这两剂药都不能解决问题，还有可能导致"滞胀"（经济停滞，通货膨胀）。这让英国人产生巨大的不确定性，也让世人大跌眼镜。国际货币基金组织甚至呼吁，英国政府应该好好考虑一下，减税政策是否合适。

英国政策出台的结果是，给富人减税5%不起任何作用，因为富人不缺钱花。真正需要花钱的是普通百姓，他们才是消费的主力军。英国央行加息后，普通百姓就不去贷款，不去投资，也不去消费了，经济陷入衰退。

有人问，美国大力度加息怎么就没事？因为英国和美国情况不一样，美国没有能源危机，但英国有。由于北溪一号和北溪二号天然气管道被炸，欧洲天然气价格暴涨，能源价格控制不住，普通百姓取暖和用电的价格都涨了，这让英国人没钱取暖和用电。

物价猛涨，英国人要求涨工资。包括大货车司机、公交车司机、地铁员工等各类人群都抗议通胀，不涨工资就不去上班，于是英国乱套了，政府出招儿却让金融陷入困境。原来只是一个生活成本的危机，现在演变成一场政府的债务危机。

一国政府治理经济的思路是：经济热了踩刹车，加息；经济冷了踩油门，降税。可英国货币政策收紧，财政政策放松，要减税借债。因为不知道政府借债的钱怎么还，谁还敢持有国债！大家都抛售国债，债券市场跌声一片。股市看到央行加息，都在抛股票，导致股市暴跌。当人们对股市失去信心，对债券市场失去信心，对手中的英镑也失去信心时，英镑就暴跌了，英镑汇率已跌到快跟美元持平了，即1英镑兑换1美元。英国金融未来走势如何，英国人怎样过寒冬，让我们拭目以待。

持续加息，美国还能撑多久

2022 年以来，美国已经连续 6 次加息，累计加息已达 375 个基点，利率从 0~0.25% 加到了 3.75%~4%。每次加息都有一部分钱回流银行，为了降低通胀率。2022 年 9 月，美国的通胀率同比达到 8.2%，距离美联储 2% 的目标还差很远，所以不少人预测，美国加息还会持续一年以上甚至两年。

尽管美联储的愿望很美好，但如果一直加息，美国经济会出大问题。

第一，股市有崩盘的风险。银行利率一旦走高，股市的钱就会跑去银行。资本是逐利的，哪里的收益高就去哪里，所以每次加息美股都应声大跌。股市是美国经济的晴雨表，各行各业的龙头企业都在美股，如苹果、特斯拉、网飞、美国航空、美国铝业等。据报道，从 2022 年 8 月 16 日至 9 月 25 日，仅一个多月美股就蒸发了 8.8 万亿美元。截至 2021 年 12 月，美股总市值约 61 万亿美元。如果美股再下跌 20%，美国经济还撑得住吗？

第二，美债债息的偿还。美债 2022 年 10 月突破了 31 万亿美元，其中，国内债务占 3/4，外债占 1/4。美国如果继续加息，国内投资者的钱就会继续回流银行，不再买国债。而国外投资者也因为担心违约风险，会减持美债。美国加息力度越大，美国政府手里就越没钱，手里越没钱，违约风险就越大。因此，美国会陷入借钱借不到，印钱不敢印的尴尬境地。

况且，美国31万亿美元的债务，每年是要支付利息的。利率涨债息也得涨，如果美国把利率加到5%，美债债息也涨到5%，仅美债一年偿还的利息就是1.55万亿美元，相当于美国一年财政收入的1/3。美国财政哪有那么多钱支付巨额的债息？

据美国国会预算，2023财年，美国政府预计财政收入4.64万亿美元，财政支出5.79万亿美元，财政赤字大概为1.15万亿美元，这些钱从哪儿借呢？一边是要支付债息1.55万亿美元，一边是财政赤字1.15万亿美元，两者合计2.7万亿美元，折合人民币近20万亿元，这是一笔多么大的亏空。这都是美国加息带来的后果。

第三，加息还会影响就业率。银行提升利率是存贷款利率一块提升，否则银行无法经营。美联储一加息，企业贷款和个人贷款就会变贵，投资和消费的积极性就会减弱。企业一旦减少投资，就会降薪裁员，导致工人失业，失业的人一多，就会进一步抑制消费。市场消费减少，企业更加难以为继，美国经济就会面临衰退。

尽管从 2022 年 9 月美国失业率数据来看，3.5% 不算很高，但其中有滞后效应，随着美联储持续加息，失业率必将上升。

综上所述，股市、债券市场、失业率是摆在美国加息面前的三大难题。2022 年之后，美国再加息就得好好掂量一下了。

强势的美元为什么割不动中国

为何美国一加息，其他国家就得被迫加息？原因是，如果各国不加息，本国资本会外逃。资本是逐利的，哪里利息高就去哪里。美联储每次加息，都像磁铁一样把世界各地的热钱吸往美国，这种被称作美元潮汐的收割环节，对别国就是一场噩梦。

但为什么我国没有跟着美国加息，却在降息呢？我国为什么不担心资本外逃？因为我国对资本有严格的外汇管制。拿个人来说，每人一年最多只能兑换 5 万美元，超出 5 万美元需要向银行提交相关证明。如果用作出国旅游、出国看病、给孩子交学费等经常项目，提交相关证明就可以继续兑换，但如果去投资理财、买房等，就会受到严格管制，为的就是防止资金外逃。

为何其他国家不这么做？因为"资本自由流动"、"独立的货币政策"和"汇率的稳定性"，只能三选二，这是一个重要的经济学概念，被称作"蒙代尔不可能三角"。

比如中国，现阶段选择了"独立的货币政策"和"汇率的稳定性"。

首先，独立的货币政策是指可以根据自己的想法调节货币，比如印钞、加息和降息等。央行通过降息提升就业率，通过加息降低通胀。所以拥有独立的货币政策对一个国家，尤其是大国而言非常重要，这意味着把经济命脉把控在自己手里。

其次，汇率的稳定性也很重要，如果汇率波动过大，本国货币就会失去信誉，别人不愿意储存你的货币，在国际上就很难做生意，更别说让本国货币国际化了，所以我国需要汇率的稳定性。

但舍弃了资本的自由流动，不让资金自由进出，实行严格管制，代价是外资也不那么愿意进来了，因为进来容易出去难，这在一定程度上会降低我国金融市场的投资吸引力。相比之下，我国既不能被美元牵着鼻子走，也不能让人民币的信誉受损，只能舍弃资本的自由流动。

在 1997 年亚洲金融危机中，很多东南亚国家因为市场投资热，选择了资本的自由流动和独立的货币政策，放弃了汇率稳定，结果在美元的加息周期中，这些国家难以遏止汇率的暴跌，让国际大鳄们赚得盆满钵满。

现在美国加息，很多国家被迫跟进，因为这些国家在汇率和贸易结算上和美元联系紧密，手持美元比较多，如果管制外汇，会对资金进出造成阻碍，不利于经济发展，所以这些国家更倾向于让资本自由流动，其代价是美国加息，它们就只能跟上，否则本国资本就会出逃。

在另外两项中，除了个别经济薄弱的小国和地区，大多数国家都会选择货币政策的独立性。比如英国、日本、韩国和一些欧元区国家，它们普遍面临着高通胀等问题，需要自己调节经济，因此也接受了相对浮动的利率，这就是2022年以来英镑、日元、韩元、欧元兑美元一路大跌的原因。

尽管现阶段我国为了汇率稳定，舍弃了部分外资。但选择的背后既体现了我国对人民币国际化的坚定信心，也体现了我国对金融市场长期向好的坚定信心。未来人民币走强是大势所趋，中国金融市场壮大也是大势所趋。所以，当下的外汇管制从长远看并不会影响中国市场的投资吸引力。

第4章 人民币和美元,谁会赢

人民币国际化，对普通人的影响

近年来，我国经济发展保持较强的增长势头，人民币作为国际货币的地位，以令人惊叹的速度不断上升。有报告显示，人民币使用程度超过日元和英镑，成为第三大国际货币，截至2020年底，人民币国际化指数同比增长了54.2%。

人民币国际化指数同比为何大幅增长？

首先，人民币在国际结算和定价中的地位不断趋于稳定。统计显示，2020年以人民币结算的国际贸易份额是2.91%，比2019年增长18.4%。例如，伊朗作为石油出口大国，以人民币替换美元在其石油出口中的结算地位，为人民币做了背书，人民币在国际上的影响力越来越大。其次，很多国家的投资者都看好人民币的潜力，美债规模越滚越大，但人民币始终相对稳定。数据表明，投资者用人民币直接投资规模高达3.81万亿元，比2021年同期增长37.05%。最后，人民币作为外汇的国际储备能力有所增强。全球有近1/3的国家打算将人民币纳入国家储备货币行列。

人民币为何要国际化？

中国人如果出国旅游、购物、留学，带美元、欧元、英镑、澳元都可以，但不可以带人民币，因为人民币不是国际货币，其他国不使用。所以在出国时，要把人民币换成其他国际货币。过去出国的人不多，现在进出口企业越来越多，出国读书、旅游、购物的人也越来越多，这时人民币国际化就非常重要了。

人民币国际化对普通人有何影响？

人民币国际化方便了投资，投资渠道和种类的丰富，有助于将风险最小化和利润最大化，帮助企业降低汇率成本，节省时间。据中国人民银行调查，企业使用美元等外币的综合成本，比使用人民币的综合成本高出约3%。因此，人民币国际化将有助于企业降低成本，提高中国产品的全球竞争力。

人民币国际化正在路上。畅想一下，以后只带人民币就可以周游世界了。那时人民币已成为国际货币，无论走到哪儿，人民币都可以作为支付货币。中国在走向强国的过程中，人民币必将强大起来。未来世界货币格局将是三分天下：美元、欧元、人民币。我们有理由相信，人民币会在世界货币格局中占一席之地。

石油人民币悄悄上路

多年后回头看，美元石油格局真正崩塌，重要的里程碑就是 2022 年底中国与沙特的会面。两国发表联合声明，中方把发展对沙特的关系置于外交全局尤其是中东外交的优先位置，同样处于中国外交优先位置的国家还有俄罗斯。

中国为什么把沙特放在如此重要的位置上呢？

因为沙特是 OPEC（石油输出国组织，简称欧佩克）的领头羊，也是中东地区的老大哥，中国和沙特关系升温是人民币布局中千里之行的重要一步。这次两国政府和企业达成 40 余份合作协议或意向，是两国需求高度互补的结果。

沙特有"2030 愿景"，中国有"一带一路"倡议；沙特是世界上最大的石油出口国之一，中国有庞大的工业体系需要能源供应；沙特想要减少对石油产业的依赖，未来要发展成为国际贸易、旅游和投资中心，而中国在这些方面能够为沙特提供转型支持；更重要的是，如今沙特石油最大的买家已由美国变成了中国，中国从沙特进口的原油量高达27%，超过欧美国家整体进口量。

20世纪70年代，沙特接受了美国对其政权和地位的保护，代价是答应用美元结算石油并大量购入美债。没多久，在沙特的游说下，所有OPEC组织成员国都同意用美元定价并出售石油，也就是说，所有石油进口国想要买OPEC石油，都必须用美元，如此一来，美国就把美元与世界贸易紧密地结合在一起，美元霸权就此确立了。

然而现在，美国和沙特一样，也成了石油净出口国，它们就从合作伙伴变成了竞争对手，至于美军的保护就更不可能了。所以，沙特为了保护自身安全，需要重新给自己上个保险，这个保险就是中国。沙特也清楚，当今世界真正能和美国一决高下的国家只有中国。

既然如此，为何这次没有让石油人民币结算直接落地，而是说在未来的3~5年内开展油气贸易人民币结算呢？

要知道，美元从前与黄金挂钩，后来与石油挂钩，在世界货币中心位置上坐了几十年，虽然美国的一系列加息操作使得美元信任度降低，但瘦死的骆驼比马大，美元还是当前世界贸易的主要结算货币,当世界格局波动时,各国想的还是多持有美元。况且眼看着沙特想搞小动作,美国绝不会善罢甘休。沙特也很清楚,自己与中国的关系还不够深厚,所以选择在3~5年这样一个长周期中给人民币开个小口子,作为对美国的试探,也作为对中国这个伙伴的考验。

用人民币买俄罗斯天然气

中俄双方签署协议,从2022年9月起中国采购俄罗斯天然气将改用人民币和卢布支付,不再使用美元。付款额将在卢布和人民币之间平均分配,也就是各占50%。

这意味着全球用人民币结算能源类商品又向前迈出了一小步,在这之前,在俄罗斯的石油和煤炭出口中,中国都已改用人民币来支付,对俄罗斯的"去美元化"来说,这是前进了一大步。

我国能源结构是富煤少油缺气,2021年我国进口天然气1 680亿立方米,其中,管道进口量591亿立方米,约占整体的35%。俄罗斯是我国第二大管道天然气供应国。这次双方签署的是中俄东线天然气管道长期销售合同的补充协议。中俄东线天然气管道从2019年底开始对我国供应天然气，2022年沿该管道的出口量达155亿立方米，到2025年将达到380亿立方米的设计年供气量。2022年9月，中俄签署了第二份天然气长期供应合同《中俄东线天然气购销协议》，项目实施后，总供应量将达到每年480亿立方米，未来我国2/3的管道进口天然气来自俄罗斯。这些进口若用人民币结算，人民币储备规模将不断提升，推动人民币需求增加。另外，随着2022年美元的大幅加息，以美元计价的大宗商品更贵了，用人民币结算对我国更有利。

从2022年初俄乌冲突爆发以来，俄罗斯受到西方国家的全面制裁，约3 000亿美元的黄金和外汇储备被冻结。目前在俄罗斯国内，用美元、欧元可以兑换卢布，但很难用卢布兑换美元、欧元。在国际上，西方国家与俄罗斯的很多贸易都中断了，面对内外交困的局面，俄罗斯只能舍弃美元和欧元的国际结算，选择国际第三大外汇储备货币人民币进行交易。中俄能源交易量大且稳定，无疑是最好的突破口。对俄罗斯来说，在中国、印度和土耳其等国家的货币中，人民币的汇率显然更加稳定，对俄罗斯更有利，它可以借此继续推进"去美元化"进程。

当前，俄罗斯等国更多地减少使用美元，对人民币有更多需求和信心，对人民币国际化是一件好事，但我们也要清楚地意识到，人民币真正国际化任重而道远。2022年二季度美元在全球外汇储备中的占比仍在55%以上，人民币占比接近3%。用人民币买俄罗斯天然气，这是人民币国际化的重要一步。

各国为何去美元化

什么是美元化？

各国在做贸易时，如果都用本币结算，某国一旦发生通货膨胀，货币贬值了怎么办？于是世界以美元为结算货币的体系诞生了，主要表现为石油美元。

先来说石油美元的由来。沙特是一个产油国，在世界产油国中的地位举足轻重，截至2021年底，沙特已探明石油储量占全球已探明石油储量的17.3%，当年沙特国王一跺脚全世界都会颤抖。1974年8月，沙特和美国秘密签署了一份协议，叫作"不可动摇协议"，沙特同意把美元作为出口石油唯一的定价货币，其他国家想买沙特的石油只能用美元结算。美国承诺保护沙特的安全，沙特使用美元结算石油，石油美元就这样诞生了。它的作用是让美元站稳世界货币的地位。无论哪个国家想进口石油，都要用美元结算，于是各国对美元和美国国债就有了巨大的需求。各国外汇储备大部分都是美元，美元借此登上霸主位置。但是现在，美元的霸主地位有点儿不保了，因为美国制裁俄罗斯，俄罗斯带头去美元化。现在各国都在去美元化。美国也担心，这样下去美元一币独大的地位将不保。

俄罗斯去美元化

一是减少美元作为本国的外汇储备，二是在进行国际贸易时不用美元结算，用本币或其他货币结算，这样做的结果就是去美元化。2022年3月初，美国把俄罗斯踢出了国际资金清算系统，不让俄罗斯使用美元和欧元的清算系统。但没想到，美国失算了。俄罗斯公布，买其石油和天然气用卢布结算。如果买石油、天然气用卢布结算，绕开美元也可以做国际贸易，那就会削弱美元的地位。

其实，俄罗斯早就对美国持有戒心，它不断减持美国国债，还把美元外汇储备变成了黄金。美国制裁俄罗斯让世人看明白了一件事，哪国不听美国的话，美国就让该国在经济和金融上受到制裁，这个世界美国说了算，美元是霸主。

各国开始去美元化

美国冻结俄罗斯海外资产后，各国产生了担忧，如果自己国家哪一天和美国交恶，本国外汇储备也被美国没收了怎么办？印度央行行长曾表示，如果美国把对俄罗斯的制裁用在印度身上，印度的金融秩序就会崩溃。

美国过去攻打伊拉克、阿富汗，制裁伊朗，屡屡得手，但这次碰上了硬骨头。俄罗斯是能源大国，它掐住了欧洲能源的"咽喉"，欧洲用卢布买天然气对美元提出了挑战，表明离开美元也可以做国际贸易，这让各国看到打破美元霸权的希望。实际上，不仅仅是俄罗斯，伊朗、阿富汗等国也有过类似的遭遇。美国为了自身利益没有底线。未来会有不少国家将外汇储备多元化，不把鸡蛋都放在美元这个篮子里。

如果俄罗斯的粮食贸易也用卢布结算，中东卖石油也不用美元了，各国在做贸易时都绕过美元直接用本国货币结算，那就会产生区域货币。比如，印度买俄罗斯的石油，用卢比和卢布结算，中国和俄罗斯做贸易用人民币结算，中东国家卖石油用人民币结算，这样一来，美元的国际霸权地位就会遭到巨大挑战。如果美元信誉不在，一切就都不在了。

人民币何去何从？

各国都在去美元化，我国也不能拿着那么多美元作为外汇储备。一旦美国和我国关系恶化，冻结了我国外汇储备怎么办？我国买的美国国债，它不还了怎么办？它扣押中国的黄金怎么办？这些我们都不能不防。早在2008年美国"放水"后，我国就加大了购买黄金的进程。

近年来，我国和俄罗斯努力建设独立的支付系统，为的就是绕开美国制裁给双方带来的损失。现在各国都在积极建立独立的结算体系，为的就是在美国挥舞制裁大棒时，可以有更多的选择。

如果各国都抛出一部分美元外汇储备，买进其他国家的货币作为外汇储备，它们就有可能以欧元、人民币作为外汇储备，其中人民币的机会最大。因为中国经济稳定且规模大。人民币在2016年已经成为国际储备货币，进入世界货币的前三名，即美元、欧元、人民币。现在看，人民币极有可能超越欧元，变成与美元竞争的世界第二大货币。人民币的国际化提速了。

美元霸主地位一旦不保，人民币的机会就来了。拿着人民币可以避险，还可以投资升值。当然，目前美元在全球货币支付中的占比仍然较大，美元霸权的衰落需要时间，人民币国际化也需要过程。但各国去美元化已成趋势，人民币国际化的机会正在到来。

美日意法德，会欠债不还吗？

欠中国钱最多的国家有哪些？首先是美国，之后是日本、意大利、法国和德国，前五名都是发达国家。在人们的印象中，这些国家如此富有，为什么还要找中国借钱？并且在2020年，光美国就欠我国1.06万亿美元的国债，这些钱我国拿来干什么不好，为什么要借给它们？

其实，就跟人与人一样，国与国之间的借债现象也非常普遍。一国经济发达，并不等于政府有钱。拿美国来说，其GDP虽然很高，但它在军事、科技、医疗等方面的支出也很大。因为高昂的财政赤字，美国政府甚至被调侃为世界上最穷的政府。

一国政府如果没钱了，通常有两种解决方案，一是开动印钞机，二是发行债券。印钞机不能经常开，否则会引起通货膨胀，扰乱市场，所以发行国债是政府愿意选择的一种"融资方式"。国债本国人能买，别国也能买，一国一旦买了另一国的国债，就等于借钱给了那个国家。

过去，我国作为"世界工厂"，在国际贸易中储备了不少外汇，这些外汇储备的一部分我们用来买入别国国债。之所以买入，是因为其中既有财富的考量，也有政治的考量。

凡是借贷都有利息，以美国 10 年期国债来说，收益率大概在 1.6% 到 3% 之间浮动，这意味着我们借给美国 1 万亿美元，每年能获得一两百亿美元的利息。这在全球来看，收益率都是可观的。

此外，还有政治博弈。美元是世界货币，在国际贸易中广泛流通，我们把钱借给美国，就成了美国的一大债主。这在一定程度上能钳制美国。在必要时，我们可以抛售美债，动摇世界对美元的信心，撼动美国金融霸主的地位。

俗话说，"借债还钱，天经地义"，有没有可能我们借出去的外债被赖掉呢？比如，斯里兰卡就因还不起外债宣告破产了。历史上还有阿根廷、希腊等国家都因巨额债务当过老赖，踏入破产的旋涡。

从技术层面讲，还不上钱可以用国内资产抵债，如国有企业的股份、矿区、港口、高速公路等公共设施。比如，斯里兰卡就曾向中国借了大量外债，最终因无力偿还只能用租借港口的方式抵债。当然，这是无奈之举。更为普遍的做法是"借新还旧",通过借新债务还旧债务,本质上是宽限日期,待经济形势好转了,财政收入提高了,再来还债。

从经济角度讲,任何一个国家都不会故意欠债不还,因为对一个国家来说,比"经济破产"严重100倍的是"信誉破产"。信誉一旦破产,该国就仿佛成了一座孤岛,很难在国际上做生意,更别说再借钱了。

对大国来说更是如此,逃避一次债务带来的利益远远覆盖不了长期借不到钱带来的损失。我们借债最多的这几个国家,如美国、日本、意大利、法国、德国,都是国际上有头有脸的经济大国,相较于经济小国,经济大国的无形资产价值更高,当老赖的概率更小。所以从这一点上来说,我们大可放心。

美国能印钱,为何仍负债 30 万亿美元?

每个国家都能印钱,但为何很多国家宁愿借钱,也不愿自己印钱?

因为货币多少是由供求决定的。什么时候货币供不应求了,就该增加货币了。比如,一国生产力进步了,火柴变打火机,马车变汽车,以前那些货币不足以给这些商品定价了,这时货币需求就多了，政府就得多印货币，重新让货币的供给等于需求。反之，如果商品还是那些商品，光顾着印钞，就会让货币贬值。所以，没有一个国家是靠印钞变富的，最终靠的还是生产力，货币本是一张纸，它是用来匹配生产力的。

一国如果为印钞而印钞，当生产力跟不上货币的增发速度时，就会发生通货膨胀、物价飙升。设想一下，火柴一旦变成5元一盒，就会严重影响老百姓对本国货币的信心，这时人们会抢着去银行兑换外汇，银行一旦产生挤兑，金融体系就崩溃了，事情要是发展到这一步，治理起来就会非常麻烦。

所以在现实中，在生产力没有显著提升的情况下，没有哪个国家敢大肆印钞，即便经济形势不好缺钱了，很多时候也是先举债度日，等经济形势好了再还。

有人可能会问，其他国家这样做可以理解，但美国印钞让全世界为它买单，美国为什么还要借钱？美国负债高达30万亿美元，其中外债占大概1/4，如果哪天美国耍赖，它是否可以印出30万亿美元来抵债呢？

首先，美元作为世界货币，在一定程度上的确可以让全世界替它买单。就像新冠病毒感染疫情期间美国为了救本国企业多次印钞放水一样，全球各国为了紧跟美元汇率只能印钞，否则就会影响出口，还有被资本做空的风险。在这个过程中，美元先放水，美国百姓可以先拿到钱，在一段时间内，他们可以随便购买全世界的商品，获得了额外的购买力。所以短期看，美国占尽了好处。

但这个过程能持续吗？答案是不能。首先，大水漫灌也会灌给自己，美国国内很快就会发生严重的通胀，生产力没有提升，大量流通的货币一边会推高物价，一边会让老百姓的口袋缩水。

更严重的是，美国如果继续大肆印钞，其他国家忍无可忍，就会抛售手里的美元，与其拼个两败俱伤。说到底，美元代表的是作为世界头号经济大国的信用。所以理论上，如果真有一天世界各国一起反对，美元的信用就会瓦解，美元的霸主地位真有可能不保。

所以美国也很清楚这一点，一定程度上，美国的确拥有向全世界转嫁通胀的特权，但这个水龙头必须有节制，不能老开，该借债的时候还得借债，为经济复苏腾出时间。

当然，从技术层面讲，美国政府缺钱了，想印钞也不是那么容易。因为印钞的是美联储，货币政策归它管，而美国财政部只能发债或征税。一国中央银行之所以要保持相对的独立性，就是为了管住政府的手，否则就像把手机和支付密码同时交到熊孩子的手里，他们很容易把钱花光。

目前，美国是全世界债务规模最高的国家，其中外债规模近 8 万亿美元，相当于本国 GDP 的 1/3。至于它会不会有一天突然狂印 8 万亿美元抹平债务，几乎是不可能的，这就等于向全世界宣战，除非美国再也不想跟地球上的任何一个国家进行经济往来。

我国为何抛美债买黄金

据美国财政部报告，截至 2022 年 2 月，中国连续 3 个月共减持美债 261 亿美元，中国央行持有美债还有 1.05 万亿美元。另据中国海关的数据，2022 年 1 月至 2 月，中国进口黄金 180 吨。3 月约有 200 吨黄金运抵中国。我国为何减持美债而买进黄金？要解答这个问题，首先需要了解几个概念。

什么是外汇储备？

人们买东西需要储备钱，储备人民币就可以了。但要买国外的东西，就需要外国货币，把外国货币存起来，就叫外汇储备。我国要和别国进行贸易，需要用货币来支付，就有了外汇储备。外汇储备可以是各国货币，主要有美元、欧元、英镑、日元等，在我国约 3.1 万亿美元的外汇储备中，2/3 是美元和欧元，约 1/3 是美债，还有一部分是黄金。

我国为何要买美债？

我国外汇储备为什么买了那么多美债？因为过去美元很值钱，所以我国外汇储备大部分是美元。但外汇储备放在美元上没有多少利息，于是买了美债，一来保险，二来美债利息高达3%。例如有1万亿美元的美债，仅债息就300亿美元，美债能带来收益，所以我国买了美债。

为何现在卖美债？

自从2008年金融危机爆发以来，美国央行大量印钞，我国觉得不妥，于是卖掉一部分美元买进欧元，并开始买进黄金作为外汇储备。中国原来是美债的最大买家，这几年日本追了上来，截至2021年1月底，我国有约1.1万亿美元的美债，日本有约1.3万亿美元的美债。中国连续减持美债到1.05万亿美元的水平，尽管如此，中国仍然是美债第二大持有国。

2022年，国际上出现了抛售美债的一轮小高潮。俄乌冲突爆发后，十年期美债收益率提高，意味着美债价格的降低，各国抛出美债意愿大于买进的意愿。美债规模已达31万亿美元，超过美国GDP总量。扣除美国通胀率，美债收益率已是负值，也就是收益率倒挂，尽管美债收益率涨到了3%，但美国通胀率接近9%，当把美债换回美元时，投资者还是亏的。既然如此，还有谁愿意持有美债呢？

我国为何抛出美债买黄金？

我国曾连续三个月不断抛出美债达261亿美元，为什么这样做？对此，世界黄金协会在2022年4月16日的公布报告中为我们做出了最好的解释。美国把美元作为制裁工具，这让全球的美债买家望而却步，都在寻求外汇储备资产的多样化，减少对美元的依赖。此时，黄金避风港的作用出现了。其中，土耳其和印度是最主要的黄金买家，新加坡和爱尔兰也购买了黄金，而且超过21%的央行计划在未来一年内继续增持黄金。

在2008年之前，我国仅有500多吨黄金储备，之后逐渐买入黄金，到2022年初已达1 948吨黄金。2021年的进口量更是高达818吨，比2020年增长了120多吨。这意味着从2021年初至2022年2月底，仅官方渠道公布的数据就显示，共有998吨黄金运抵中国市场。

为何各国把黄金都放在美国金库里？

这要说到历史了，自从二战后，1944年布雷顿森林体系建立，各国陆续把一部分或大部分黄金储备放在美国，因为美元和黄金挂钩，各国货币和美元挂钩，这样做是为了确保美元和黄金比值的稳定。1971年美元和黄金脱钩了，但各国黄金还存在那里，已经形成习惯。

据美联储报告，截至2022年4月，美联储替全球央行保管的黄金数量已经跌至5 738.15吨的新低。这表明，全球多个央行已从美联储运出了累计约1 261吨的黄金。据美媒报道，法国已经秘密遣返了所有货币黄金。

多国央行把黄金运回国内，是因为对美国不放心。例如，德国早在2012年就宣布要运回全部黄金。德国央行此前在运回部分黄金时，发现运回的部分金条并不是20世纪40年代寄存的金条。因此有一种说法，美联储或许早已将寄存者的黄金调包、挪用，甚至私吞了。不过，私吞的可能性并不大，因为全球央行寄存在美联储等海外金库中的黄金，所有权非常清晰，任何时候美联储都无权阻止寄存者取走自己的黄金。可眼下俄罗斯就是一个活生生的例子。美国把俄罗斯的黄金储备冻结了。现在世界各国不再相信美国，也不再相信美债，各国已形成了共识。

截至2020年4月末，我国共有黄金1 948吨，但中国存在美联储地下金库的仅600吨，占我国黄金储备的近1/3，存在那儿是为了用于国际支付。中国现在一边抛出美债买进黄金，一边把寄存在美国的黄金运回国内，这样做就是为了防范美国哪一天不讲信用会赖账，对美国我们不得不防。

多国从美国运回黄金

黄金历来是人们关心的话题，也是各国外汇储备中的一部分。近年来，多国都宣布，要从美国运黄金回国，都在增加黄金储备。2022年3月28日，世界黄金协会发布的报告显示，2022年1月底，全球官方黄金储备3.55万吨，达到近30年来的最高水平。我们来看看黄金储备的世界排名（2021年12月31日黄金储备排名）。

第一名是美国。黄金储备8 133吨，总价值合4 700多亿美元，占美国外汇储备总额的66.28%。余下2 400多亿美元的外汇储备为欧元。为了便于结算，从1944年起，美联储设置在美国金库中堆满全世界90%~95%的官方黄金储备。尽管从1971年起美元和黄金脱钩了，50年过去了，美国黄金储备依然排名第一。

第二名是德国。黄金储备为3 359吨，总价值约1 950.3亿美元，占其外汇储备总额的66.29%，德国比美国黄金的占比还高。作为二战的战败国，德国为什么有这么多的黄金储备？原因是德国是欧元区的核心国，它的货币外汇储备只需要囤一些美元，它可以拿欧元换黄金。由此可见，德国对黄金储备非常重视。

第三名是意大利，2 451吨；第四名是法国，2 436吨；第五名是俄罗斯，2 242吨；中国位居世界第六，1 948吨。美国是我国的4倍多。

多国为何运黄金回国？

近年来，出现了一种现象，很多国家运黄金回国，不放在美国了。包括德国、荷兰、比利时、瑞士、委内瑞拉、匈牙利、斯洛伐克、意大利、罗马尼亚、俄罗斯、奥地利、澳大利亚和法国，它们先后运回或宣布要从美国运回黄金。土耳其宣布将储存在美国的所有黄金运回本国，成为从美国运回黄金的第14个国家。波兰央行也宣布，安排机会将123.6吨留在英格兰银行和美联储的黄金全部运回，成为第15个要运回黄金的国家。这些国家为何都要把黄金运回本国？

截至2022年10月，美国国债总额突破31万亿美元，黄金放在美国已经不保险了。出于对美国和美元的不信任，各国担心放在美国的黄金的安全性，于是都在加紧运回。

我国在黄金市场处于什么地位？

目前，国际黄金市场仍由英美主导。但中国正逐渐从英美手中争夺黄金的市场定价权和话语权。2019年12月，中国首个场内贵金属期权人民币黄金期权正式交易后，成交量和定价权能力稳步上升，截至2022年4月，累计成交365亿元，人民币黄金定价权初步确立。

从全球看，去美元化已成为不可阻挡的趋势。各国都在持续增持黄金，全球央行在2021年二季度增持200吨黄金，创下新高。

美国走在衰退的路上，美元霸主地位受到明显挑战。各国都需要黄金储备来减少对美元的依赖。我国也在积极加大黄金储备，这样做就是防患于未然。

黄金怎么不避险了

众所周知，黄金具有避险功能，当世界经济形势不好的时候，金价上涨。但现在反常的一幕出现了，欧洲饱受地缘政治影响和能源危机之苦，美国通胀高企，陷入衰退的概率逐步上升，在一些国际机构下调世界经济增长预期之际，金价却开始持续下跌。

自2022年二季度以来，金价开始下跌。以伦敦黄金现货价为例，自3月8日金价涨至每盎司2 070美元高点后，持续震荡下跌。截至7月18日15点快跌破每盎司1 700美元大关了，跌幅超过17%。

金价为何持续下跌？

第一，美元升值导致的。美国为抑制通胀，2022年第六次加息，累计加息375个基点。在强烈加息的预期下，美元指数已突破108，创20年来新高，黄金避险属性下降了。美联储加息后，美元类资产的投资价值提高了。另外，美元和黄金虽然都有避险作用，但两者呈负相关，当美元指数下跌时，黄金上涨；当美元指数上涨时，黄金下跌，黄金和美元对冲。美元指数创下新高，所以金价会下跌。

第二，美国宣布对俄罗斯采取一系列制裁措施，包括禁止进口俄罗斯黄金，俄罗斯是世界上最大的黄金生产国之一。美国这样做是为了减少俄罗斯的收入来源，但人们担心黄金供过于求，这是金价下跌的原因之一。

在中国，自2022年以来，已有6家大型银行暂停纸黄金在内的贵金属交易，不允许新增开户。各大银行线上黄金交易业务是一种金融衍生品交易，并不是实际黄金的现货交易，国际金价一旦出现大的波动，最后吃亏的还是客户。所以，银行收紧个人贵金属交易业务，也是释放目前相关市场风险偏大的信号，防止客户盲目乐观再次遭受损失，这样做也是为了减少银行自身不必要的麻烦。

短期看，在全球衰退预期和各国央行加息预期强的情况下，金价存在剧烈波动的可能性，黄金的避险需求被美元升值预期取代，建议大家不要盲目抄底黄金。

人民币和美元，谁会赢？

2022年9月，人民币兑美元汇率破7，美元这轮表现很强势。人民币和美元的较量接下来会如何演进？对于人民币的贬值，利弊有哪些？

汇率究竟由什么决定？

从短期看，汇率由购买力决定。美国加息，意味着流通的美元少了。而中国在降息，意味着流通的人民币多了。短时间内，美元供不应求，人民币供过于求，因此美元的购买力变强了，人民币的购买力相对弱了，所以人民币汇率走低。

但美国不可能长期加息，如果长期加息，美国会面临国债偿还、股市泡沫破灭，还有疫情反复下的经济震荡等问题，所以美元走强是暂时的。

从长期看，人民币和美元的汇率较量由什么决定？答案是中美的经济增速。一方面，谁的经济增速快，谁对外资就更有吸引力，资本就更愿意来投资，投资需要兑换本国货币，当本国货币供不应求时，便会升值。另一方面，经济增速也影响商品出口，一国商品更有竞争力，别国就更愿意兑换该国的货币来买该国的商品，这样该国的货币就会升值。

那么，未来是中国增速快还是美国增速快？毫无疑问是中国增速快。本轮人民币兑美元汇率破 7 并不可怕。从长期看，人民币的需求是有支撑的，所以汇率破 7 之后迟早会降下来。

人民币兑美元汇率破 7 利弊有哪些?

最大的"利"在于出口。比如家电、汽车、汽车部件、电子产品、纺织产品等，因为人民币贬值，外国人买这些商品更便宜了，这在一定程度上会提升我国出口商品的竞争力。当下经济形势不好，投资和消费都很低迷，尤其需要出口在艰难时刻发挥作用。人民币贬值有利于我国的旅游业，用美元能换的人民币多了，外国人来中国旅游相对便宜了。

贬值也有弊端。第一，加大了我国的进口成本，像铜、铁矿石、原油、液化天然气的涨价，会使相关企业的利润减少。同时会把价格传导到生活中，比如原油价格上涨，汽油价格也跟着涨，液化天然气价格上涨，每月的燃气费就会跟着涨。另外，大豆、大麦、钾肥的涨价会影响农民的收入，通过价格传导，百姓买大豆油等商品更贵了。进口商品也会随着人民币的贬值更贵了。第二，人民币贬值会增加汇兑风险，比如，我国一些航空公司和房地产公司手里有大量的美元负债，它们需要还的钱就变多了。第三，人民币贬值短期内会引起一些资本外逃，可能会对处于复苏阶段的楼市和股市造成一定的冲击。

汇率短期由购买力决定，长期由经济增速决定。人民币汇率短期震荡，长期看涨。

第 5 章

美国围堵升级

美国为何围堵中国

最近这几年，美国频频出招儿对付中国。我们到底哪里惹美国了，它要对中国如此下手？奥巴马上台后，美国搞"印太战略"；特朗普上台后，美国搞中美贸易战；拜登上台后，美国搞"印太经济框架"，所有目标都针对中国。我们分析一下，美国为何要围堵中国。

美国搞印太经济框架，是为中期选举。无论选举结果如何，总统都要奋力一搏。美国近期在国际上很失败，从阿富汗撤兵，打了20年，花钱无数却匆匆撤兵，留下一个烂摊子给阿富汗。

2022年初，美国又挑起俄乌冲突，通过北约东扩激怒俄罗斯，美国派乌克兰当代理人对付俄罗斯，本以为会把俄罗斯打倒，没想到出师不利，还把乌克兰搞成一个烂摊子。

乌克兰还没消停,美国又来对付中国。美国召开东盟会议,拉拢东盟反对中国,去韩国和日本搞印太经济框架,让它们和中国经济脱钩,搞美日印澳四方安全峰会,在军事上围堵中国,这些都是孤立和围堵中国,但美国的阴谋很难得逞,因为这些国家都离不开中国产业链,经济上与中国彼此需要。

什么是产业链?全球化使得国际分工出现,各国都成了产业链上的一个环节,我国在全球的产业链早已形成,而且门类齐全。例如,别国汽车厂想制造汽车,需要我国提供的零部件和配套产品,否则汽车就组装不起来。现在,美国想把中国挤出全球产业链,不让中国发展高端科技,美国希望和韩国合作代替中国的高科技产品,这谈何容易。美国又想把中低端产业从中国转向东南亚国家,这也不是美国说了算。经济是一个完整的链条,各国分工合作才能达到效益最大化,否则各国都会吃亏,美国可能不怕,但其他国家会怕。

其实,美国想在经济上和中国脱钩,也不是一件容易的事。美国几届政府都想这样做,但做不到,离开中国,美国难以独善其身。例如,2018年美国对我国商品加征关税后,从我国进口的商品价格变贵了,美国百姓不得不为此买单,导致物价高涨,通胀爆发,美国骑虎难下。

美国为何极力围堵中国?中国到底影响了美国什么?有美

国学者比喻说:"中国人一开始搞服装鞋帽袜子,我们没有注意,之后又搞家电、汽车、高铁,搞完互联网技术又搞大飞机,紧接着搞5G,照这样搞下去,美国人还有饭吃吗?"这位学者道出美国围堵中国的真正目的,就是不让中国在高科技领域和美国竞争。

美国人认为,中国人动了美国的蛋糕。所以它要围堵中国,要在亚洲搞印太经济框架,在经济上制裁中国;搞四方峰会,在军事上控制中国。美国曾经把日本经济搞垮,让日本退出和美国的竞争;美国又和苏联冷战,拖垮苏联,剩下现在的俄罗斯。美国不想看到"老二"崛起,它就想把中国拖垮,维持美国的经济和军事霸权,让中国陷入"修昔底德陷阱"。美国不肯罢休,我们也绝不示弱。

美国可以在意识形态、金融、军事、科技上对付中国,唯独做不到在经济上和中国脱钩。因为,全球化形成的产业链条不是想脱钩就可以脱钩的。美国满世界寻找可以替代中国产业链的国家,眼下还没有找到。日本行吗?不行。韩国行吗?也不行。在全球一体化分工中,中国占据了绝对优势,不可替代。

在全球产业链和供应链上,美国试图拉开中美之间的差距。这是我国面临的外部环境。美国在地缘政治上进一步孤立中国，在台湾问题上挑战中国的底线，这是我们面临的国际形势。

发展才是硬道理，如果我们强大了，美国想惹我们也是惹不起的。因此，我们要坚定信心，众志成城，发展壮大自己，把我国的经济发展好。

新疆棉花惹了谁？

2021年，国外服装品牌在中国开的店里抵制我国新疆棉花，引起国民的强烈不满，新疆棉花惹了谁？

它们为何和新疆棉花过不去？

世界棉花有三大生产国：中国、印度、美国。中国是世界上的产棉大国，其中新疆棉花产量占了80%。我国还是最大的棉花消费国。2021年，我国棉花总产量573.1万吨，总需求量780万吨，缺口近200万吨。而新疆生产的长绒棉是世界顶级棉花，可以做衣服和被子，暖和、透气、舒适，供不应求。新疆被称为中国"棉都"。一些西方服装品牌宣布，不再采购新疆棉花，这都是因为一条"禁令"：美国将禁止进口来自中国新疆地区的所有棉花产品。这些公司跟风，导致它们的品牌在我国电商平台纷纷下架。

同时,我国既是棉花生产大国,也是棉花进口大国。美国禁止新疆棉花进口,但我国2021年前两个月进口棉花的一半都来自美国企业。若美国抵制中国新疆棉花,就意味着我国进口美国棉花的数量也将持续减少。这样一来谁吃亏了?美国不进口中国新疆棉花,中国也不进口美国的棉花,结果是两败俱伤。

中美两国之所以做棉花贸易,依据的是比较优势原则。新疆棉花的高档次是美国需要的,美国生产的棉花档次低,中国有些生产也需要。这就有了新疆棉花出口,也有了美国棉花进口。自由贸易对两国都有好处,两国都能从中获益。

美国禁止进口新疆棉花,我国不进口美国棉花,这对美国棉农是一种损失。他们生产出来的棉花要卖到哪里去?美国用政治手段解决经贸问题,这是搬起石头砸自己的脚,它以为制裁了中国,其实也是对美国棉农的制裁。还有那些跟风的国外品牌公司,我国电商下架了其商品,它们损失惨重。我们要做的是,尽量减少新疆棉农的损失。

中美粮食战，惊心动魄

关于"粮食危机"的话题，引发了越来越多人的关注。但中美从2000年开始，就一直没有停止过粮食战，可谓惊心动魄。

先从大豆之争说起。在1995年以前，我国一直是大豆净出口国，占世界市场份额的90%以上。看到商机后，从1995年到2002年，美国加大对本国豆农的补贴，额度高达110亿美元，占大豆产值的20%以上。换句话说，美国农场主每销售1美元大豆，政府补贴至少20美分。与此同时，美国加大技术研发力度，在20世纪末，研发出转基因大豆，其出油率从17%提升到22%。不要小看了这5%的提升，对榨油企业来说，出油率每提升1%，每吨利润将提高150美元。依靠更低的价格和更高的出油率，美国大豆成为国际市场上的抢手货。为了和美国大豆竞争，中国豆农不得不降价。

结果，中国豆农生产的大豆越多，赔得越多，于是越来越多的豆农放弃种植大豆，这使得我国本土大豆产量逐步收缩。2000年，中国大豆年进口量首次突破1 000万吨，成为国际上最大的大豆进口国。此后几年，中国大豆进口额连创新高。2001年中国加入世贸组织后，大豆进口关税降为3%，大豆进口大门被彻底打开。中国大豆对外依存度也从1995年的约7%上升到2013年的超过80%。到2021年，我国需要进口大豆9 653.7万吨。

在美国政府看来，粮食是最可靠的武器。只要让外国形成对美国粮食的依赖，它就可以控制这个国家。2003年8月，美国农业部以天气影响为由，将大豆库存数据调整到20多年来的低点，大豆价格从2003年8月的每吨2 300元人民币，涨到2004年4月的每吨4 400元人民币。中国榨油企业慌了，最后以每吨4 300元人民币的高价和美国签下800万吨大豆订单。随后美国大豆供应上市，国际大豆价格暴跌50%。很多国内榨油企业巨额亏损倒闭，此时以美国ADM为首的国际四大粮商趁机低价收购、参股中国多家大豆压榨企业，控制了当时中国66%的大型油脂企业，控制产能达到85%。目前国内的很多知名食用油品牌，背后都有一定的外资背景。这些外资控股的油脂公司只收购外国转基因大豆，迫使我国豆农不得不种植外国转基因大豆。

美国在大豆之争中大获全胜后，又将目光转向了我国主粮。2006年初，美国开始炒作粮食危机，声称这场危机将波及上亿人。之后的两年，国际小麦和玉米的价格飙升了3倍多，这一招儿吓坏了一些粮食难以自足的国家，当年菲律宾甚至向国际银行贷款买粮食。但中国作为反击，2007年12月动用了国家储备粮，每隔十天半个月就抛出500万吨左右的粮食。外国资本立即买进，努力营造供不应求的假象。没想到中国越抛越多，后来变成每周抛一次，甚至一两天抛一次，外国资本越买越心虚。此时中国媒体放出消息：中国有1亿吨储备粮，足够吃一年。这让国际资本充满恐惧，最后终于放弃炒作，粮食价格回落，2008年7月，粮食战结束，中国大获全胜。

2018年7月6日，当天中国对从美国进口的340亿美元货物提高关税，其中就包括大豆，主要是为了报复美国当天对中国征收的一系列关税。而一个月前，从美国出发的一艘名为"飞马峰号"的满载美国大豆的船正开足马力赶往中国大连港，但最终没能赶在中国加税前抵达。一个月后，人们发现这艘船依旧在大连港附近转圈，船长觉得在这场贸易战中中国可能会顶不住压力，从而取消对美国大豆征收的高额关税，到那时他们就可以以胜利者的姿态进入大连港。这显然低估了中国人的决心，中国没有取消加征的关税。

中国虽然在2000年的中美大豆之争中失利了，但后来我国建立了稳定的大豆和豆油储备，这也是在2018年中美贸易战中，中国敢对大豆加征关税的原因之一。在主粮战场上中国打了一场胜仗，这要归功于中国粮食的自给自足，以及建立了庞大的国家储备。2022年，我国三大主粮稻谷、小麦和玉米，国内自给率平均约为90%，不存在进口依赖。在当前全球粮食面临危机之际，我国储备的粮食足够全国人民吃一年以上。粮食安全是国家安全的重要基础，手中有粮，才能做到心中不慌，心中不慌，粮食价格才能更稳定。

我国产小麦，为何还从俄罗斯进口？

2022年以来，国际上关于粮食的问题引起了争论，我国大部分粮食是可以自给自足的，尤其是小麦。那么我国为何2020年还要从俄罗斯进口800万吨小麦？

我国是世界上人口最多的国家，也是产粮最多的国家，我国每年人均粮食产量448千克。除了我国，俄罗斯也是粮食生产和出口大国。2021年，我国小麦年产量1.3亿吨左右，俄罗斯小麦年产量7 600万吨左右，2021年俄罗斯出口小麦3 292万吨，占其小麦总产量的40%左右，占全球小麦出口量的16%。

据中国海关数据，2020年我国小麦进口量为838万吨，占了俄罗斯小麦出口的 1/4。我国进口这么多俄罗斯的小麦，是为什么呢？

首先，是为了稳定国内粮价，保证农民的利益。我国小麦播种面积一直在减少，1998 年中国小麦的播种面积约 4.47 亿亩[①]，到 2008 年小麦播种面积跌到约 3.55 亿亩，短短 10 年，小麦播种面积减少了 20.6%。

其次，是为了帮助俄罗斯。因为俄罗斯遭到制裁，在保证我国利益的同时，这样做缓解了俄罗斯的压力。

最后，俄罗斯小麦的质量更好，俄罗斯也比中国更适合种植小麦。

俄罗斯小麦的单产和总产量都不如我国，但其小麦品质更胜一筹，俄罗斯的地域条件和自然环境对种植小麦十分适合。俄罗斯有大面积的黑土地，肥沃的黑土地加上良好的种植环境，保证了其小麦的种植面积常年稳定在 2 500 万公顷以上。

与我国农民不同，俄罗斯农民不追求小麦的总产量和单亩的产量，他们更追求小麦的品质，在农药、施肥甚至转基因小麦等方面，他们都十分重视并要求极为严格，这也是俄罗斯小麦质量高的原因之一。

---

① 1 亩 ≈ 666.67 平方米。——编者注

俄罗斯小麦粒质硬实，有嚼劲，蛋白质含量达到近20%，和成面团后富有弹性，在营养和维生素含量方面都比我国小麦有很大的提升，其小麦更是含有大量铁元素、维生素B_2、维生素A等，一般这样的从俄罗斯进口的高质量小麦都是二级以上的小麦。

当世界处于不安定状态时，我国从俄罗斯进口小麦就有多重原因：一是为了保障我国的粮食安全；二是俄罗斯小麦质量好；三是和俄罗斯保持良好的贸易关系，是一举多得的好事情。在局势动荡下，粮食安全对一国来说非常重要。

中美新能源之争

谁掌握了能源，谁就掌握了世界。

这就是为何美元当年和黄金脱钩后，坚持要和石油挂钩。因为工业化时代没有石油是万万不行的。为了加强对石油的控制，从1975年开始，美国控制了全球的石油贸易要道，华尔街掌握着大部分原油市场交易。

中国是一个贫油国，2022年我国原油对外依存度超过70%，每年进口石油要消耗大量外汇，还会受到美国制裁的影响。作为一个大国，能源安全掌握在别人手里是不行的。所以，我国必须优化能源结构，降低煤炭、石油进口比例，发展新能源。在所有新能源里，相比较而言，水电容易破坏生态，核电风险高，风电又对场地要求高，光伏发电除了有点儿贵，几乎是完美的，只要有太阳就能发电。

2000年后，我国开始发展太阳能光伏产业。在20世纪70年代石油危机后，美国加大了对光伏产业的投入。1997年6月，美国宣布了"百万太阳能屋顶计划"，要在2010年之前，在100万座建筑物上安装太阳能系统，彻底解决家庭的电力和供热需求。这种先进的技术和理念让美国的光伏产业一度风光无限。

中国光伏产业在刚起步时与美国差距很大，国内没有任何技术优势，还面临国外的各种制裁，就连炼制光伏最重要的原材料多晶硅的炉子，都在国外的禁售范围内。但中国企业没有放弃，做不了高科技，就焊支架，组装电池，凭借这种看似没有技术含量的活儿，以低成本迅速占领了欧美市场，这让欧美企业利益受损。于是从2012年起，美国联合欧洲对中国光伏企业进行"反倾销、反补贴"调查。这一招儿让中国90%的光伏企业破产倒闭。我国政府及时出手反击，加大了对国内光伏产业的补贴，这才让剩余的中国光伏企业活下来，同时这些企业意识到，没有核心技术，只做代工不是长久之计。

真正的战略转机出现在 2016 年，身为共和党代表的特朗普上台了，而美国传统能源商一直都是共和党的金主。既然当上总统就要回报金主，当时的美国政府推出了扶持化石能源的政策，削减新能源的研究开支，美国光伏产业在全球的份额开始断崖式下滑。美国光伏巨头从世界第一跌到了第九。中国企业在政府的大力扶持和自身的努力下，在 2020 年世界前十的多晶硅制造商中，占了 7 个席位。同时，中国多晶硅产能在全球占比 75.2%，硅片占比 97%，电池占比 80.7%，组件占比 76.3%。这意味着在我国光伏产业的任何一个环节，世界上所有国家的产能加起来都不到中国的三分之一。此外，中国光伏发电的每度成本也直线下降，2010 年为每度 2 元，补贴后还得 8 角，2020 年每度 2 角的电场有很多。10 年的时间，成本降了 90%。可以说，中国在全球光伏领域已经处于统治地位，对美国实现了全产业链吊打。

事实上，特朗普政府不支持光伏发电还有一个原因，那就是光伏发电不稳定，受天气影响大，电量出现剩余时也没法储存。让美国没想到的是，中国在储能技术领域弯道超车，因为中国搞定了锂电池的核心科技。全球锂电池产业的发展路径与半导体一样，都源于欧美、壮大于日韩，最终变成由中国主导。目前，中国是锂电池的最大生产国，也是最大的出口国。2022年中国锂电池产量占全球总产量的80%，在整个产业链条中，全球龙头都是中国企业。

美国现任总统上台后，看到中国在新能源领域远远超过美国，美国想赶超已经很难了，就只能采用制裁这一个办法。比如，为了解决美国面临的能源危机，它一边对中国太阳能面板产品征收惩罚性关税，一边从泰国、马来西亚、柬埔寨和越南进口太阳能电池板等关键组件。东南亚真能生产太阳能面板吗？根本不能，都是从中国进口过去贴牌的，然后卖给美国。

中国在新能源领域高歌猛进时，美国新能源产业因政党利益举步维艰，曾经自豪的百万太阳能屋顶计划逐步烂尾，并没让中国新能源产业倒下，现在全球最大的光伏锂电集群在中国，全球最大的动力电池厂商在中国，全球最大的新能源市场在中国。绿色低碳是未来的趋势，以石油为代表的传统能源会加速退出历史舞台，而属于光伏锂电的高光时代正在到来。

美国《芯片和科学法案》

美国《芯片和科学法案》历时3年，2022年8月正式签署，这会卡住中国半导体产业的脖子吗？我们先来看这项法案的内容，主要有三点。

第一，建立所谓的"芯片四方联盟"。主要是以美日企业为首，拉拢中国台湾和韩国的半导体企业。背后意图是利用这一组织，把中国大陆排除在全球半导体供应链之外。

第二，加大对美国本土芯片企业的补贴。美国计划给芯片企业研发和工厂建设发放 527 亿美元的补贴，向在美国投资半导体的工厂企业提供为期 4 年减免 25% 的税收政策，这是为了让半导体产业回流美国。

第三，遏制中国科技的发展。法案中提到，10 年内任何接受美方补贴的半导体企业，必须在美国本土制造芯片。特别是禁止在中国扩大生产和投资比 28 纳米更先进的芯片，更不允许扩大现有产能，否则将得不到这一补贴。这是打着增强美国竞争力的旗号，来遏制中国科技的发展。

在历史上，美国为了自身利益，在 1980 年也出台过类似的法案打压日本的芯片产业。那时日本超越美国，成为半导体产业的龙头。1986 年，日本的半导体在全球市场的占有率达到 50%，前十大半导体企业有 5 家在日本。同年 9 月，美国逼迫日本签订《日美半导体协议》，日本芯片产业开始衰退，到 1993 年，美国取代日本成为世界上最大的芯片出口国。此后，日本的半导体产业一蹶不振，被韩国、中国台湾等超越。30多年前，美国打压了日本芯片产业，现在又想用类似的方法遏制中国芯片产业的发展。

从短期看，如果半导体巨头抛弃中国到美国建厂，国内高端工艺芯片的代工和制造就会被耽误，会进一步拉大中美芯片整体技术的差距。目前，国际最先进的工艺是生产3纳米芯片，而我国最先进的工艺是14纳米芯片，如果遭到美国的极端制裁，我国做不了14纳米芯片，只能做28纳米芯片。所以短期内我国芯片会面临阵痛。

从长期看，这也是芯片国产化的一个契机。从2018年开始，美国全方位限制中国芯片产业的发展，但这样反而加速了中国芯片国产化进程。2021年，中国采购的国产芯片制造设备占比已达到27%，与2020年的16.8%相比有大幅提升。这个法案特别提到，禁止在中国扩大生产和投资比28纳米更先进的芯片，实际上像车用芯片、家用电器、可穿戴设备等使用的芯片，28纳米成熟工艺就足够了，现在只有智能手机等少数产品才要求28纳米及以下的先进工艺。数据显示，未来5年，28纳米以上的成熟工艺市场份额仍高于50%，而当前世界上28纳米芯片的扩产主要集中在中国。如果美国不断制裁，只会加快28纳米芯片国产化的速度。

从补贴额度看，527 亿美元听上去挺多，但实际上要分 5 年，分给 20 家公司，每年每家公司能拿到 5 亿多美元。但像台积电、英特尔这样的巨头公司，投资规模都在百亿美元，这点儿补贴太少了。如果选择了这些蝇头小利，它们就会失去中国这个大市场。数据显示，2022 年中国大陆市场半导体销售额全球占比接近 32.5%，但芯片自给率仍只有 25% 左右，这些企业会为了 5 亿美元补贴而本分地留在美国吗？这些企业届时很可能为了拿到补贴，在美国假装建厂，私底下还会在中国大陆继续扩大产能。

芯片产业是一个全球化系统工程。美国在芯片设计等方面拥有话语权，但芯片制造环节的重心正在逐渐向日本、韩国、中国转移。就拿人力成本来说，2020 年台积电要到美国建 5 纳米芯片工厂，3 年过去了，工厂还没有建成。原因之一就是美国缺乏芯片制造人才，成本又比中国台湾地区高 50%，这对用惯了廉价劳动力的企业来说是难以接受的。另外，制造业是很辛苦的行业，而美国的大环境是人们偏爱研发和金融等脑力劳动，现在突然让他们回归高强度的体力劳动，他们太难适应了。相比之下，中国在人才、市场规模、基建物流等方面都更有优势。美国想用行政手段让芯片产业强行回流，也不符合市场规律。

无论如何，中国实现高端芯片的突围都到了背水一战的关键时期。实现不了突围，中国就无法实现高端产业升级，就永远摆脱不了西方国家的卡脖子之痛。突围的过程要付出更大的努力和代价。但中国的优势在于体制，可以集中力量办大事。我们有理由相信，中国一定能冲破西方国家的围堵，解决芯片的卡脖子之痛。

围堵升级：美国挑起网络战

现代战争有五大战场，分别是海洋、陆地、天空、太空和网络。在网络时代，信息战将取代海、陆、空，成为未来战场的主要形式。

2022年9月初，央视公布了一条消息。国家计算机病毒应急处理中心和360公司联合技术团队经过技术分析与追踪溯源，发现美国先后用41种专用网络攻击武器装备，对我国西北工业大学发起攻击，窃密行动达上千次，并窃取了一批核心技术数据。此外，美国还长期对中国的手机用户进行无差别语音监听，非法窃取手机用户的短信内容，并对其无线定位。

中国高校这么多，美国为何偏偏对西工大虎视眈眈？

因为西工大是我国航天、航空、航海工程教育和学科研究领域的重点大学，参与了载人航天、探月工程、C919大飞机、无人机技术等多个尖端项目的研发，并为我国"三航"事业培养了大批人才。

同时，西工大是著名的"国防七子"之一，为我国国防技术的安全可控提供了有力支撑。全国第一架小型无人机、第一台地效飞行器、第一台航空机载计算机等，均诞生于西工大。

西工大强大的科研实力让美国感受到威胁，美国为了掌握西工大的一举一动，获取相关技术研发进展和核心机密，对其开展了攻击窃密行动。

美国监听全球早已不是新鲜事

我们过去以为美国监听的领域应该是一国的龙头企业、政府、大学、医疗、科研等机构。但这次爆出的消息令人诧异，美国对中国手机用户进行无差别监听。这意味着美国的"耳朵"已经越过官方，开始触达中国民间。监听需要高昂的成本，美国仍然选择做这件事，说明它考虑到了潜在的收益。我们别觉得自己是普通人，被监听了也无所谓，单个数据不可怕，但只言片语的信息汇总起来，形成数据池并从中发现一些规律，在国家战略层面上就可能有重大的价值。在这个过程中，一些特殊行业的从业人员经对方筛选，可能会成为被重点监听的对象。

美国窃听，国际法不管吗？

现实是，针对网络空间的跨国侵权行为，国际法没有明确限制，美国在打国际法的擦边球。为什么国际法没有明确限制？因为国际法本身也是强国，尤其是美国主导制定的，保留了一些模糊地带，便于美国在一些问题上实行双重标准。比如，同样是受到窃听，他国公司的维权难度要比美国公司的维权难度大得多。

买国产手机是否可以避免被监听？

其实不然，高级黑客是不挑设备的。"无差别监听"就是无论身在何处，使用什么品牌的手机，都可以监听到手机的通话内容和短信。这跟我国对国外信息技术产品还存在一定的依赖有关。尤其是在半导体、信息系统领域，即便是国产手机，其逻辑芯片和通信芯片目前也是用国外的，所以美国想从技术底层监听我们并不难。2021年某平台爆出一条热搜，内容是美国中央情报局成立了"中国任务中心",公开招募懂中国方言的特工,可见美国对监听中国这件事是多么执着。但我们可以放心的是,国产芯片落后主要是在商用领域,涉及国家保密单位用的计算机芯片几乎都是国产的,就是为了安全。

面对美国挑起的网络战,我国有什么反制措施?

我国的反制措施有两方面。一方面,这些年我国一直进行数字安全防护,并侦破了美国一系列利用网络武器发起的攻击行为,打破了一直以来美国对我国的"单向透明"优势。另一方面,我国还组织科研人员打造了数字空间的"雷达"和"预警机",捕获针对我国的国家级黑客组织,捍卫国家数字空间主权。

在信息化时代,我们千万不能轻视数据的重要性。数据就是黄金,是一国最宝贵的资产。为什么我国历经千辛万苦也要研发北斗导航,就是不想受制于 GPS 的垄断,因为用别人的导航等于出卖自家的数据。反之,为什么有的公司想赴美上市,美国执意要求其上交道路信息和用户信息,因为这背后都是重要的数据。往大了讲,现代化战役大多是没有硝烟的,因为制信息权的重要程度越发凸显,很多人评价制信息权的重要性甚至高过了制空权、制海权和制地权,所以我们一定要重视信息安全，任何看似无所谓的信息汇聚成信息池，其价值都是不可估量的。

普通人如何应对？

作为普通人，我们也要提高网络安全意识，了解更多隐私保护的手段。为减少信息泄露的概率，尽量做到以下几点。

第一，尽量避免在手机终端留下过多的私人信息。

第二，不要通过非官方渠道下载任何应用，尽量选择在官方应用商店下载。

第三，不要打开未知的网站链接和不熟悉的电子邮件，不随意填写个人资料。

第四，尽量不开通"免密支付"，如果必须开通，应设定月度限额或单次支付限额，一旦出现意外可避免损失扩大。

第6章 中国逆势崛起

我国的地铁、高铁和高速公路

在中国想出门,可以坐地铁和高铁,开车可以走高速公路,交通工具快速而便捷。但你知道修建一千米地铁、高铁、高速公路需要多少钱吗?它们对经济的拉动作用有多大?我们先来看一组数据,我国修建一千米地铁需 5.1 亿元,修建一千米高铁需 1.26 亿元,修建一千米高速公路需 4 000 万元。

地铁

我国地铁造价最贵,修建一千米需要 5.1 亿元。

为何修建地铁花钱最多?一是地铁建在城里,土地昂贵。在市区施工难度大,地铁是哪儿人多就往哪儿修。先要征地拆迁,要是等管线市政道路改造完了再修建地铁,花费就高了。二是地铁建筑难度大。有这样的比喻:地铁是用 100 元人民币一张张贴上去的。看一个城市拥有多少条地铁，就知道这个城市的发展水平了。我国很多城市都修了地铁，像北上广这样的大城市，大多数人都是依靠地铁通勤的。1971年北京刚开通1号线地铁时，国外发达城市已经有十几条地铁线路了。现在我国各大城市也都有了地铁。衡量一个城市发达的标志是：乘坐地铁出行，基本上半小时就能到达你要去的地方。

我国究竟修了多少地铁？数据显示，2021年全国内地地铁里程共有7 253.73千米，位居世界第一。上海以800千米的运营里程排第一，北京以761千米排第二，广州以589千米排第三。在全球地铁里程前十的城市排名中，中国就占了7席。乘坐地铁日均客流，上海977万人次，北京838万人次，广州776万人次，成都、武汉、南京、深圳等依次排后。国外地铁已有百年历史，中国地铁才有30多年历史，我国是后来者居上。

高铁

在我国修建一千米高铁造价1.26亿元。高铁造价比地铁低，因为高铁建在荒郊地段比较多，地价便宜。从2008年开始，我国各大城市陆续修了高铁，让国人出行快速便捷。30年前坐绿皮火车出行，速度特别慢，200千米的路程坐火车要3个多小时，现在坐高铁只需半小时。高铁提速了，我国经济也跟着提速。

2022年，我国高铁运营里程已突破4万千米，位居世界第一，相当于绕地球赤道一圈，通达93%的50万人口以上的城市。在高速、高原、高寒、重载铁路技术方面，我国高铁处于世界领先地位。

我国高铁时速350千米，是目前世界上商业运营最快的高铁；日本新干线1964年运营，时速320千米；德国城际特快列车（ICE）1985年运营，时速320千米；欧洲之星1994年运营，时速300千米。和它们相比，我国高铁的时速是最快的。

为何美国没建高铁？因为建高铁需要资金和土地，如果一国土地是私有的，征地费用就会非常贵，修高铁造价太高，根本建不起来。美国有734千米的高铁在运营，但平均时速仅为115千米，而国际上时速250千米以上才称得上高铁。美国基础设施落后，火车基本上都用于运输货物。客运火车很少，美国人出行靠的都是私家车。有些美国人希望到中国来坐一次高铁，体会一下中国高铁的速度。

高速公路

我国高速公路的造价是每千米4 000万元。现在我国高速公路基本上都修通了，开车可以到达任何一座城市。截至2020年底，我国高速公路通车里程达16.1万千米，位居世界第一，可绕地球赤道4圈。我国高速公路对20万以上人口的城市和地级行政中心覆盖率超过99%。

计算一下，修7 254千米地铁大概需要3.70万亿元，修4万千米高铁需要5.04万亿元，修16.1万千米高速公路需要6.44万亿元，总共花了15.18万亿元，除以30年，每年国家需要投入5 000多亿元，其他国家是很难做到的。这就是我国经济发展的后发优势。

人们常说，要想富先修路。这些年来，我国一直在修路，修高速公路、修高铁、修地铁、修绕城高速、修柏油路和乡村的水泥路等，把所有道路都编成了四通八达的网络。我们不必羡慕国外，因为在中国出行更方便。

我国的高铁、高速公路、地铁都超越了其他国家，我们完善了公共交通基础设施，距离缩短了，人移动得更快了。与此同时，我国还建起了全覆盖的信息网络系统，信息传递的速度加快了。现在我国的人流、物流、信息流都快于别国，这为我国经济腾飞插上了翅膀。

中国第三艘航母下水

2022年6月17日,我国第三艘航空母舰终于在上海下水了。这是一艘完全国产、自主建造的航空母舰,被命名为"中国人民解放军海军福建舰",排水量超过8万吨,这是全球最大的常规动力航母。福建舰采用了平直通长飞行甲板,综合作战能力居世界前列。最值得一提的是,在技术上福建舰跨越了蒸汽弹射,直接实现了电磁弹射技术的突破,能在40秒内发射一架飞机。福建舰在电磁弹射技术上已经赶上了美国。第三艘航母的舰岛变小了,为飞行甲板腾出了空间,便于舰载机起飞,同时缩小了雷达反射面积,增强了生存能力,这些都标志着中国海军远洋作战能力的提升,让14亿国人感到自豪和骄傲。

什么是航空母舰?

航空母舰是一种以舰载机为主要作战武器的大型水面舰艇,可提供舰载机的起飞和降落,它是世界上最庞大、最复杂、威力最强的武器之一,简称航母。按动力划分,有核动力航母和常规动力航母。依靠航母,一国可以在远离本土、不依靠当地机场的情况下,对外进行作战。所以,航母也被称为

"浮动的海上机场"。航空母舰是一个国家综合国力的象征。

我国为何要建航空母舰？

只要海上一有摩擦，美国总是开来两艘航空母舰停在中国南海，威慑中国。多年来，美国一直仗着它的航空母舰横行海上。随着我国经济的发展，国际贸易日益增多，谁来保护我国商船通过国际海域，它们遇到问题怎么办？中国是世界第二大经济体，还是海洋大国，我国需要强大的海军来维护国家主权、领土完整和经贸发展。于是从2009年起，我国开始建造自己的航空母舰。2012年9月25日，我国第一艘航母辽宁舰问世，舷号16；2017年4月26日，我国第二艘航母山东舰问世，舷号17；2022年6月17日，我国第三艘航母福建舰下水，舷号18，从此我国有了自主建设航母的能力。辽宁舰是为了纪念甲午海战中的北洋水师，福建舰是为了纪念马尾海战中的福建水师。航母是国之重器，也是大国的象征。没有航母的国家称不上真正的强国。

美国对中国的海上围堵

一直以来，美国都仗着其强大的海军实力，仗着11艘航母，在中国周边进行军事围堵。美国利用日本和韩国的军事基地盯着中国，利用印度钳制中国，在钓鱼岛问题上挑动中日关系，在台湾海峡故意制造紧张气氛，挑战中国的底线。2022年6月13日，我国外交部再次明确宣布，台湾海峡是中国内海，不是公海，不是国际水域，其他国家的军舰和航母不能停留在中国海域内。而美国在亚太地区就集结了两艘航母。

国人须谨记，落后就要挨打。我们发愤图强造航母，为的就是打破美国的制海权，不让美国在海上为所欲为。

一国要建造航母需要巨大的财力支撑，发展科技尖端技术也需要巨大的财力支撑。这一切都源于中国经济的发展和财富的增加。这里既要有物资资源，也要有人力资本，只有这样，我们才能成为强国。

中华民族历经五千年走到今天，其中有过辉煌，我们曾经走上世界顶峰，创造了中华文明；也经历过无数次战争和灾难。为什么其他文明古国都衰落了，只有中国屹立不倒？因为中华民族骨子里的强大基因让我们不屈不挠，越遇困难越抱团，越能冲破障碍，浴火重生。现在我国第三艘航母福建舰下水，相信在不久的将来，我国会造出更多更先进的航母。中华民族有能力创造出自己的辉煌。让我们做好准备，迎接中国多航母时代的来临。

北斗卫星导航与 GPS

在日常生活中，当走到一个不熟悉的地方，你只需打开手机定位，就知道自己在哪儿了，输入目的地，跟着导航走你就不会迷路。我们的生活已经离不开导航了，汽车、飞机、轮船都需要它。卫星导航系统相当于人的眼睛，离开了卫星定位，我们的生活效率会降低，生活节奏也会放慢。既然全球卫星导航系统有了美国的 GPS，我国为何还要研发北斗？

在 1991 年之前，我国并没有研发导航系统的想法。1991年海湾战争爆发，美国利用 GPS，精准摧毁了对方的军事基地，许多国家都被吓呆了，原来导航系统还能用于战争。大家都很担心，一旦和美国交恶，本国安全就会受到威胁。这之后又发生了一件事，彻底激发了我国自主研发导航系统的决心。

1993 年 7 月 23 日，我国一艘货轮"银河号"出海做贸易，走到半路被美国指控船上装有违禁化工产品，美国人要上船检查。被船长拒绝后，美国关掉了"银河号"上的 GPS 导航信号，船在茫茫的大海上没有了方向感，不知往哪里走，最后"银河号"只能被迫停船，让美国人上船检查。虽然最后美国人一无所获，但我国"银河号"仍在海上漂泊了 33 天才回到祖国。这件事让我国终于明白，如果没有自己的卫星导航定位系统，那就会处处受到美国的牵制。

从1994年开始，我国开始研发北斗卫星导航系统，起名为"北斗"。从北斗一号、北斗二号，到2020年7月北斗三号正式开通，这预示着我国拥有实现自主研发，并投入使用卫星导航的能力。目前，我国北斗卫星导航已具备空间和地面基础设计的服务能力。

在北斗卫星导航出现前，我国95%的手机都使用GPS导航。北斗卫星导航出现后，手机导航不再叫GPS，而叫定位或北斗定位。以前美国GPS独领风骚。2020年，我国北斗卫星导航系统完成全球组网，美国GPS不再是唯一的选择，北斗系统后来居上。

北斗卫星导航系统与GPS的不同主要有以下几点。

第一，北斗卫星导航支持收发文字信息，而GPS只接收定位信息。北斗卫星导航在全球范围内的终端上可以一次性发送40个汉字，区域通信能力达到每次1 000个汉字，这里包含图片、视频、文字等，这种双向通信能力在航空、航海遇险时有大用处。

第二，定位精准度。GPS在95%的情况下精度均值可以达到7.8米，一般全球指标是10米以内。而我国北斗卫星导航全球实测定位精度均值为2.34米，在亚太地区性能更优。在民用精度上，北斗卫星导航系统已高于GPS。但GPS在军用上能够达到1米以内的精度，甚至能达到0.2米。所以，在军用上GPS的精度更高一点儿。

第三，北斗卫星导航系统可以实现双向通信，GPS是单向通信。

第四，卫星数。GPS覆盖全球并维持运行需要24颗卫星，北斗卫星导航系统在2020年第55颗卫星正式升空，标志着我国北斗三号卫星定位系统全面建成。

第五，系统完成时间。GPS最早起源于美国军方一个项目，于1994年完成。而北斗卫星导航系统于2020年完成全面组网，比GPS晚了26年。从目前看，北斗卫星导航系统可以满足更多用户需求，但要完全取代GPS还需要一定的时间。

全球共有四大卫星导航定位系统，即美国GPS导航系统，中国的北斗卫星导航系统，俄罗斯和欧洲的导航系统，这四大导航系统的制式都是可以兼容的。

时至今日，我国北斗卫星导航系统已成为全球拥有卫星数量最多的导航系统，它的稳定性和精准程度足以媲美美国的GPS。目前我国北斗卫星导航系统已和全球137个国家达成合作协议，潜力巨大。北斗卫星导航从投入使用至今，服务覆盖全球超过 230 个国家和地区，超过 11 亿人。2021 年，中国卫星导航与位置服务产业总体产值达到约 4 700 亿元人民币，预计到 2023 年将增长到 7 154 亿元人民币。目前我国超过 70% 的手机芯片都支持北斗卫星导航系统，该系统取得了相当广泛的发展。

我国北斗卫星导航系统成功组网意义在于，在军事上，无论是战斗机、军舰还是导航，都依赖卫星导航系统进行定位。有了北斗卫星导航，我国在军事上不再受制于人。在民用上，北斗卫星导航还涉及各行各业，如农业、交通等都在用北斗卫星导航进行辅助自动驾驶。在生活中，北斗卫星导航系统无处不在，该系统的全面普及会促进中国经济的进一步发展。

随着我国北斗卫星导航系统组网建成，美国 GPS 迎来了最大的竞争对手。北斗卫星导航系统的建立，让全球卫星定位系统有了竞争者，这将推动我国科技进步，给人类带来福音。

我国为何要建空间站

每当夜晚来临，举目望去，距离我们头顶 400 千米的天空有一个亮点，那就是我国的空间站。它环绕地球飞行一圈是 90 分钟。

什么是空间站？

它就像太空中的一个"酒店"。人类想探索太空，而载人航天器的飞行时间很短，做不了研究，人类就在太空上建成了一个漂浮的驻地，航天员可以在里面休息，还可以做科学研究。以我国天宫号空间站为例，它由5个部分组成，分别是核心舱、载人飞船、货运飞船及两个实验舱。我国空间站现在住了3位航天员。如果说神舟飞船是一辆轿车，天宫一号和天宫二号相当于一室一厅的房子，那么空间站就像三室两厅的房子，还带着储藏间。既然地球上已经有一个空间站了，我国为何还要耗资几百亿元建自己的空间站？说来话长。

美国不让中国加入国际空间站

苏联在解体之前，是世界上航天实力最强的国家，美国只能排在第二位。苏联解体后，美国主动找俄罗斯合作，希望强强联手组建空间站。1993年，美俄提出建设国际空间站。1998年国际空间站建立，2010年完成建造任务。共有16个国家参与国际空间站联合建造，截至2020年11月，共有242名宇航员和太空游客登上国际空间站，却没有中国航天员登上去。因为在国际空间站建造过程中，美国极力反对，不给中国加入国际空间站的机会。2011年还通过了"沃尔夫条款",禁止中国与美国在航天方面的任何合作,美国试图封锁中国航天业的发展。

中国建起自己的空间站

在美国的严厉制裁下,我国没有放弃。早在1992年,我国就确定了航天工程三步走战略,能上天、能出舱、建立起小型空间站。从神舟一号到神舟十四号,从天宫一号到天宫二号,我国空间站从无到有,从弱到强。2021年4月底,中国人终于拥有了梦寐以求的空间站。2022年,中国空间站全面建成。

和国际空间站相比,中国空间站的优势在哪里?

第一,中国空间站更经济。国际空间站花费了1 600亿美元,是多国凑钱建造的。中国空间站仅花费500多亿元人民币,合100多亿美元。

第二,中国空间站是中国人自己建造的,没有任何其他国家的协助,空间站里的设备操作都使用中文标注。我们有独立控制权。

第三,国际空间站总重量约420吨,中国天宫空间站建成后的总重量约为180吨,质量虽小却可以实现国际空间站 90% 的功能，在性能上一点儿都不含糊，很多方面还技高一筹。

第四，中国空间站里一切井然有序，一尘不染，而国际空间站里乱七八糟。美国媒体说，中国空间站令国际空间站相形见绌。

中国空间站全面建成，许多国家都希望能和中国共同使用空间站，一起探索太空。我国也对世界各国开放了邀请，已有 17 个国家通过了层层考核，国外宇航员都在加紧学习中文，准备登上中国空间站。

国际空间站 2024 年陨落在即，美国态度发生了 180 度大转变，美国专家表示："只要中国同意，我们就加入中国空间站。"美国早早就递交了申请，中国拒绝的理由是"研究项目不达标"。这正是当年美国拒绝我国加入国际空间站的理由。

最近，美俄在国际空间站项目上出现了矛盾，俄罗斯要放弃和美国的合作，准备和中国合作，而美国也表示要和中国空间站合作。未来随着国际空间站的陨落，中国的天宫站将是世界上唯一一个在轨的空间站。

中国建设空间站的意义

我国用了 30 年时间，花费几百亿元人民币建起空间站，不仅仅是为了扬眉吐气,其背后的战略意义非常巨大。空间站不仅会带动我国航天科技产业链相关的科技进步,还将为人类未来移民外太空积累科学基础。太空与地球不同,太空是一个失重真空的环境。航天员在空间站可利用太空环境从事许多科研活动,涵盖了生物、医学、化学、物理等领域。

例如,先天性失聪患者佩戴的人工耳蜗、超声诊断、远程医疗技术、太空育种,还有方便面、尿不湿等,这些都是为太空探索而研制出来的,而空间科学研究给人类带来了福音。

可以说,航天代表着人类目前最高的科技水平。谁在该领域取得重大突破,谁就能引领未来世界,我国已做好了准备。在人类对制空权的争夺中,中国已经赶上来了。

航天育种知多少

2022年6月5日,神舟十四号成功发射。神舟十三号返回地球时,带回了1.2万颗种子,其中很多是我们常见的种子,比如四川水稻、大明绿豆、生菜、蘑菇、中药材等。它们随着神舟十三号在轨遨游183天后,返回了地面。接下来,这些种子将被种植产生新的作物,其中一些经过检验的,可能在不久的将来会出现在我们的餐桌上。

事实上，这已不是我国第一次带种子上太空了。1987年8月5日，我国利用返回式卫星首次把植物种子送上太空，到2022年4月，我国已完成了30多次返回式搭载，共培育出超过200个通过审定的新品种，包括水稻、小麦、大豆、茄子、辣椒、棉花、甘草等。种植总面积超过240万公顷，产业化推广创造经济效益2 000亿元以上。

航天育种的原理是什么？它是利用太空的特殊环境（射线辐射、微重力等），改变种子的基因排列顺序，使其发生诱变。带回地球后，通过种植培育，得到果实大小、形状、颜色、口感、抗病性等性状不同的植物品种。但不是任何种子都有"遨游太空"的仓票。在这之前，科学家需要花费大量时间去筛选，只有综合性状优良、遗传稳定、充满活力的种子才有机会被送入太空，即便这样，能够突变的种子也仅有千分之一乃至万分之一。

人们也许会担心，航天育种是否安全，会不会因为辐射太大对人的身体造成危害？其实大可放心，航天育种是安全的。一是航天育种辐射很小，远低于国际食品安全辐射的剂量。二是不同于转基因作物，它并没有外源基因导入，只是自身的基因组序列发生了改变，跟自然界变异得到的产品本质上没有区别。三是航天育种的种子，回来之后也要经过 3~5 年的时间，选育、繁育至少 4 代，最终通过审定，才能流入市场。所以，我们平时买到的航天育种产品是可以放心吃的。

我国为何要大力发展航天育种？

这就不得不提我国的人均耕地面积了。2021 年自然资源部公布的第三次全国国土调查数据显示，我国耕地面积为 19.18 亿亩。这个数字除以 14.13 亿人口，我国人均耕地面积仅为 1.36 亩，远低于世界人均耕地面积。

一边是我国人均耕地面积小，一边是我国人口众多，形势所迫，我们必须研究出更高产的粮食品种。20 世纪 70 年代，袁隆平的三系杂交水稻技术大幅提升了粮食产量，也让我国的育种技术走在了世界前列。但进入 80 年代，我国育种技术陷入停滞，被别国卡住了脖子。直到 1987 年，我国开始尝试将种子送上太空培育，再一次开辟了新大陆。有关专家说，航天育种相对于传统育种，种子变异频率更高，育种周期更短，确实能提供更多更好的农产品。

航天育种非常有利于农民，拿太空香蕉的培育来说，它不仅让产量接近翻倍，还让香蕉的生长周期从 13 个月缩短到 9 个多月，从而提高了农民的收入。当然还有利于大众，能让大家吃到更可口、更营养的食物。比如，纤维素含量更高的小麦，维生素 C 含量更高的辣椒，等等。所以，航天育种这件事不仅冲天，也接地气。

种子是农业的"芯片"。农业一直以来都是我国的战略性、基础性产业之一。但当下，我国依然面临着种子资源匮乏的困境，航天育种作为打破这种局面的一个途径，希望能在该领域结出更多硕果。

国产大飞机来了

2022 年 9 月 29 日，国产大飞机 C919 正式获得中国民航局颁发的型号合格证，这意味着 C919 历经近 14 年的研发和测试，具备了执飞商业航班的条件。

过去的民用大飞机一直由美国和法国垄断，垄断程度非常严重。例如，波音飞机卫生间的一个卫生纸盒坏了，虽然这种东西没有技术含量，但必须用波音公司的原厂件，价格 300 美元，如果私自从其他渠道采购，整架飞机就没有质量保证了。万一发生空难，即便是其他原因，只要用的不是原厂件，波音公司就无责任。因此，独立开发和制造大飞机一直是我国的一块"心病"。

从20世纪70年代开始，中国民航启动了运-10项目。运-10飞机是中国自主研制的大型喷气式客机，但在1985年之后因经费问题停飞，中国大飞机梦暂时中断。到了90年代，中国民航先后与美国公司合作生产客机，并尝试与欧洲公司合作研发，由于受制于技术能力和内外环境，最后以失败告终。进入21世纪，中国民航明确了自主研制、自力更生的目标。2008年中国商飞公司成立，C919的研制引人注目。这是目前航空市场需求最大的机型，最大航程超过5 500千米，设有158~168个座位。2017年，C919大飞机完成首飞。

2019年后，C919在国内多地进行密集的飞行试验。同时在与中国签署双边适航协议的俄罗斯、加拿大、巴西等27个国家进行了试飞。这意味着C919不仅可以在国内飞行，也可以在这27个国家飞行。

有人也许会疑惑，C919面向国际市场是否要取得国际适航证？的确，我们需要拿到美国联邦航空管理局和欧洲航空安全局的适航证。适航证相当于飞机的行驶证，它是检验一架飞机是否安全的标准。事实上，我国适航证比欧美适航证更加安全与严格，只是历史较短。另外，一直以来，以美国为首的西方国家都想尽办法打压我国的高科技产业，目前我国无法顺利拿到欧美适航证也不意外。但也不需要太担心，2017年我国就与美国和欧洲规定，如果今后拿不到欧美适航证，我们就和其他国家一个个谈，开通双边航线。现在我国已与27个国家签署了双边适航协议。只要在这些国家通过试飞，C919就可以在这些国家飞行。尽管如此，争取欧美适航证还是有用的，因为目前全球大部分国家都认可这两个国家颁发的适航证，拿到这两个证在全球销售才更方便。更重要的是，这是C919进军国际市场与波音、空客竞争的入场券。C919在价格方面也具有优势，约为0.99亿美元。在安全性上，C919用了更多新材料和新技术，比波音和空客更有保障。

针对C919最具争议的话题是国产率不高，只有60%，大量配件是国外的，我们只是造了个壳子，做了组装。事实上，像民航客机这类精密产品，不同于计算机行业，整体设计能力更为重要。比如，喷气式客机的首创者英国彗星客机，1949年首飞后广受欢迎，却发生多次空难，背后的原因不是产品质量问题，而是传统矩形舷窗周围容易出现金属疲劳。此后，各国客机纷纷改用圆角形的舷窗设计。另外，有些人觉得造飞机壳子容易，其实目前这项技术也就中、美、英、俄、法5个国家能造，技术含量极高。当然，我们不否认差距，像航空发动机等核心部件目前确实还被"卡着脖子"。

但无论如何，C919取得了很大的突破。未来20年，中国需要8 000架C919这样的客机，这将开启一个万亿级的市场。届时不仅可以直接带动经济增长，还会拉动旅游业、物流行业、上下游成千上万的供应商等。相信中国大飞机会逐步获得国际认可，成为中国高端制造的一张新名片。

中国特高压

中国有一项技术让西方国家很羡慕，美国能源部前部长甚至说，"这挑战了美国在世界的创新领导地位"。这项技术就是中国的特高压技术。

特高压由1 000千伏及以上交流输电和±800千伏及以上直流输电构成，简单理解就是特别高的电压。通常，电压按等级可以分为低压、高压、超高压和特高压4种。与传统超高压输电线路相比，特高压在输电距离和输送容量方面最高可提高3倍，电力损耗可降低45%，还可以节省60%的土地资源，被形象地称为电力领域的超级高速公路。

但特高压这一技术我国曾经落后西方40年，现在不仅反超成为全球第一，而且成为该领域世界标准的制定者。中国是如何反超的？

特高压输电技术最早由苏联、日本和美国为首的国家在20世纪60年代后期开始研究，苏联在1985年建成一条900千伏特高压线路，但1991年苏联解体后经济衰退，用电量随之下降，后来被迫降压至500千伏的超高压。二战后日本经济快速发展，用电需求猛增。1973年日本开始研究特高压，后遭遇东亚危机，扛不住巨额经济投入，中途放弃。相较于苏联和日本，美国行动最早，从1967年开始研究，但一直处于实验室阶段。通过以上3个国家的发展历程我们可以看出，特高压成败与经济实力和技术有很大的关系。经济实力好理解，但在技术上特高压有那么难吗？

理论上不难，但在现实中，当电压足够高时，所有绝缘体都可能变成导体。比如，空气本身不导电，但在雷雨天空气中的电场强度达到一定程度时，闪电就会产生，空气就变成了导体。所以对特高压变压器来说，绝缘性能是最大的难题之一。当时绝缘性能最好的陶瓷，能承受电压50千伏，但特高压标准是1 000千伏及以上交流和±800千伏及以上直流，陶瓷显然无法承受。美国人想到一个方法，把普通陶瓷改良成高配版陶瓷，这确实解决了绝缘问题，但造出来的变压器重达7 000吨，相当于100节动车组的重量，这么重无法运输。

后来，我国科研人员找到了新方法，那就是纸，一种特制的绝缘纸，这种纸可以随便裁剪成不同形状，将变压器重量由原来的 7 000 吨降到 500 吨。但 500 吨还是很重。从工厂运到全国各地能否再降？科研人员又想了一个巧妙的办法，变压器在工作时是浸泡在专用变压器油里的，为了不损伤器件，在运送前将变压器油替换为液态氮气，等到了目的地再换变压器油，这一操作又减轻了 150 吨。至此，我国科技人员以自己的智慧，把特高压变压器从 7 000 吨降到了 350 吨。

我国从 1986 年开始立项研究特高压输电技术，到 2009 年 1 月，起自山西长治，终到湖北荆门的首条特高压线路正式投入使用。这么多年来，我国动用近千名科学家及工程技术人员，投入近 5 万人施工建设，召开上万次会议，共同展开了 180 多项关键技术的研究和九大类 40 多项关键设备的研制，要求之高，任务量之大，在中国科技史上是前所未有的。截至 2021 年底，中国已建成"15 条交流 18 条直流"一共 33 个特高压输电工程。

为了特高压，我国投入这么大、付出这么多值得吗？

我国能源分布的情况是，76%的煤炭、80%的风能、90%的太阳能都分布在西部和北部地区，80%的水能分布在西南地区。但 70%以上的电力消耗却集中在发达的东中部地区。从能源富足的西部到高耗能的东部，距离长达 1 000~4 000 千米，专门解决 3 000 ~ 5 000 千米输电难题的特高压显得尤为必要。另外，随着我国经济的发展，用电量激增，如果依旧靠大型坑口、港口电厂发电，再向外输送，效率低，输送量少。最重要的一点，这是我国未来的能源战略。纵观世界能源发展史，能源体系的每一次重构都会对经济发展释放巨大力量。比如，第一次工业革命，英国以储量丰富、价格低廉的煤炭为燃料，蒸汽机为动力，成就了日不落帝国。第二次工业革命，美国凭借石油—铁路—汽车生产线，成为 20 世纪头号工业强国。未来当新能源成为主流后，中国将形成新能源—特高压—新能源汽车与储能技术这样全新的能源体系，特高压将成为运输新能源的大动脉。

特高压有一条完整的产业链，包括线缆、变压器、电源材料等的生产制造、基础施工及日常维护等，相关从业人员已经长期享有其发展红利。目前民用电每度平均 5 角，其中特高压的电力平衡与调度起到了关键作用。

中国锂电池的逆袭

在数字化时代，有两项技术被认为最能推动历史进程。一项是半导体，作为现代电子设备的重要组成部分，被称为现代电子产品的大脑。另一项是锂电池，现在电子产品及新能源电动车都离不开它。巧合的是，这两项关键技术有一个共同点，即欧美发明、日韩发展，最终主导权却归于中国。

那么，在锂电池上我国是如何逆袭的？

在十多年前，我国的锂电池市场被日本企业垄断。一个电池组的价格高达 1 100 美元/千瓦时，中国企业崛起后，一个电池组的价格下降到 137 美元/千瓦时。10 年前，日本掌握全球锂电池话语权，出现了索尼、松下、三洋电机等知名企业，紧随其后的是韩国企业，当时中国的锂电池企业没有一个能叫得上名来。经过十多年的发展，全球锂电池行业大洗牌，我国锂电池产量一举反超日韩成为全球领导者，这期间究竟发生了什么？

锂电池出现得比较晚，20 世纪 70 年代，在全球"石油危机"的背景下，美国为减少对石油进口的过度依赖，大力开发新能源和储能技术，花了近 5 年时间，终于研制出世界上第一块锂电池，然而这种锂电池的性能很不稳定，容易爆炸，没有进行商用。后来，日本对锂电池进行了改善，1991 年，索尼公司率先发布了世界上第一块商用锂离子电池。此后，日本凭借技术上的先发优势，在锂电池领域越做越好。随着智能手机和笔记本电脑的崛起，锂电池迅速发展。1998年，日本锂电池年产能迅速飙升至4亿支，在全球锂电池市场份额占比高达90%。

虽然日本在锂电池技术上有了新突破，但在电动汽车市场却碰了壁。当时市场以燃油车为主，电动汽车生产成本贵，再加上电池续航短等问题，使得本土电动汽车销量并不高，日本计划投入生产100万辆新能源汽车，最终只卖出2 500辆。此外，日本也在考虑，如果继续发展锂电池，就需要更多的锂矿资源，但日本锂矿资源非常贫乏，于是日本汽车厂商转向氢能源的开发，从此日本的锂电池产业走向衰退。

韩国一看机会来了，从日本引进锂电池技术，加上大财团资金的支持以及韩国政府真金白银的补贴，韩国出现了以三星SDI和LG化学为主导的锂电池双巨头。

中国从20世纪90年代初开始研究锂电池，但当时镍氢电池市场需求更大，加上日本在锂电池方面的技术优势，中国并没有出现较多优秀的锂电池企业。直到2000年后，中国电池厂商才逐渐意识到锂电池的重要性，大量企业开始转型发展锂电池。后起的中国是如何超越日韩的？这就要说到原料和市场了。

先说原料，正极材料是锂电池最核心也是成本最高的部分，约占电池总成本的40%，而锂正好是正极材料的核心原料。但我国锂资源也不多，截至2020年，我国已探明锂资源储量约为540万吨，约占全球总探明储量的13%，其中80%左右来自盐湖中的卤水，开采难度很大。日韩锂资源更少，面对这种状况，谁能在国外争取到更多锂资源谁就更具优势。幸运的是，我国锂电池巨头公司从2017年开始就积极收购外国锂矿。目前，中国已经掌握了全球一半的锂矿资源，锂电池产量更是占据了全球总产量的80%。

原料有了保障，接下来就是市场。最近几年新能源汽车发展迅猛，中国本身就拥有巨大的市场，2013年我国开始了新能源补贴政策，尤其是2019年发布《锂离子电池产业发展白皮书》以后，扶持了相关产业链的发展，据统计，近10年来，全球累计推广新能源汽车超过1 800万辆，其中中国超过900万辆，在全球占比超过半数。

再加上部分电池材料核心技术国产化，降低了原材料进口的成本，同时依托我国较低的人工成本，中国锂电池产品迅速抢占了日韩企业的市场份额。目前在全球锂电池市场份额中，中国占六成，韩国占三成，日本占一成。

绿色低碳是大势所趋，以锂电池为代表的新能源必将取代以石油为代表的传统能源，而我国在锂电池领域从未像今天这样领先于全球。

三沙市：我国最南端的年轻城市

我国有一个三沙市，于2012年7月成立，它是中国最年轻的城市。在中国位置最靠南，总面积最大，但陆地面积最小，它还是人口最少的城市。它隶属于海南省，是我国南海上一颗璀璨的明珠。

说它最年轻，因为它是2012年成立的，到2022年仅有10年的历史。说它位置最靠南，因为它距离海南岛三亚还有300千米，是我国最南端的城市。说它海陆面积最大，因为它有200万平方千米，比新疆160万平方千米的面积还要大。三沙市的陆地面积最小，约20平方千米，其人口最少，2020年的常住人口仅为2 333人。

三沙市由280多个岛、沙洲、暗礁、暗沙和暗礁滩及其海域组成，地处太平洋与印度洋的咽喉之处，素有"世界第三黄金水道"之称，是古代"海上丝绸之路"的必经之地，战略位置十分重要。

三沙市蔚蓝的海水下面藏有很多宝藏。在生物资源方面，这片海域有诸多药用价值很高的动植物，出产的日月贝、海绵、鲨鱼软骨及海蛇毒等可用于提取抗癌药物。在鱼类方面，作为祖国的渔仓，南海的潜在渔获量高达650万吨，这么多鱼肉足够全国人民连吃很多天，这些资源还是可以再生的。在矿藏方面，三沙有大矿和好矿。在数十种矿藏中，锰结核和钴结核储量最为丰富，极富经济价值。三沙周围的海水盐度很高，总含盐量预计在70万亿吨以上，够中国人吃盐很多年。在能源蕴藏量上，温差能每年可达600亿千瓦，海水中的铀核能相当于一个25万千瓦电站150亿年的发电量。

三沙市的海底蕴藏着"可燃冰"，总量非常惊人，相当于我国陆上和近海天然气总资源的一半。据粗略估算，三沙海底油田约有250个。石油储量最少在230亿～300亿吨，占世界石油储量的1/4，天然气储量在20万亿立方米以上，是世界石油、天然气的宝库。由此可见，三沙是一个坐落在聚宝盆上的城市。

既然南海有丰富的油气资源，为何我国迟迟没有开发？这是因为南海局势太复杂，一方面是周边各国在和我国争岛屿和资源，另一方面是美国不断派军舰进入南海区域挑衅，在我国南海制造不安定因素。

2012年，我国成立三沙市管理南海诸岛就是向全世界宣布，南海诸岛由我国掌管，南海是我国的领土，不容别国干涉。我国在南海一直保持搁置争议、共同开发的政策。相较于越南、菲律宾动辄出动军舰，中国在南海的维权始终保持克制。对中国来说，南海最重要的是其战略地位。当今世界有三大经济中心，东亚、西欧和北美，而南海就是东亚国家前往西欧最重要的航道，每年全球有25%的海上运输要经过南海，这里面的经济利益远大于南海所蕴含的自然资源。

中国作为世界上规模最大的出口国家，南海是重要的海上航运线路之一，保障南海主权就是保障中国经济的发展，这才是三沙市最重要的战略意义。南海的战略价值对小国没有用，但对中国就是经济命脉，中国加强对南海的管理，最终完全控制南海，把美国势力逐出亚太，彻底打破美国的封锁，这才是我们的目的。

三沙市有着丰富的旅游资源，那里一年四季都是夏天，虽然是热带，但天气不是很热，非常适合度假和休闲。三沙的天空特别蓝，海水蔚蓝清澈见底，到处都是五颜六色的珊瑚。三沙市政府所在地永兴岛，环境犹如世外桃源，虽然人口不多，但基础设施一应俱全，那里有超市、酒店、饭店、邮局、电信营业厅，有学校和图书馆，有医疗设备齐全的医院，还有电影院、网吧、商业街。三沙市的福利制度堪比西方发达国家，政府修建的房子只象征性地缴纳1元钱就可以入住，水电费全免，小孩上学不要钱，岛上居民看病也不要钱。岛上居民的收入不需要交税，大部分的生活用品政府都会发放，真正做到了衣食住行全方面福利补贴。

作为国人，想去三沙游玩必须通过审批才准许入内。三沙市是我国重要的军事基地，每年接待游客总人数是有规定的，外国人禁止入内。近年来，为了有更多的陆地面积，三沙人一直在努力。2016年，三沙市再次填海造陆15平方千米。将来三沙市会成为一个度假胜地，它的战略位置非常重要。

第7章

楼市还要跌多久

楼市风向变了吗？

2022年3月1日，郑州出台"救市"新政引来市场关注。楼市风向标变了吗？

郑州救市，出台19条新政

第一，从需求看，松绑了限购、限贷，重启了货币化安置。放宽了大学生、外来务工人员、随迁老人、改善性居住等四类购房需求。允许随迁老人投靠家庭新购一套房，总共可以买3套房，支持改善性购房需求，等等，都为此提供了便利条件。

第二，松绑二套房限贷。对已拥有一套房，且贷款已结清的，执行首套房的贷款政策，首付比例由六成降为三成，降低了买第二套房首付资金的压力。相较于2021年，郑州房贷有明显松动的迹象。

第三，鼓励棚改货币化安置。原来拆迁是给房，后来拆迁是给钱，拆迁户拿到钱可以自己去买房，这叫棚改货币化。

郑州为何着急"救市"？

自2019年以来，郑州新房销量持续下跌。尤其是2021年下半年以来，受行业整体低迷、暴雨、新冠病毒感染疫情等影响，郑州楼市成交明显萎缩。2021年，郑州销售的商品房总面积约1 398万平方米，同比下滑约25%。商品房销售套数已达6年来最低。另外，住宅项目烂尾严重。据统计，截至2021年末，郑州停工、延期等待交付的问题项目有274个，涉及2.5万套住房。

郑州救市有示范效应吗？

郑州已开始救市。银保监会负责人说："2021年房价下跌，房地产的泡沫化、货币化问题发生了根本性逆转，楼市不像以前那么活跃了，现在房地产的价格做了一些调整，对金融业是件好事。但不希望房地产市场调整太剧烈，要平稳转换。"这表明，中央对楼市调控政策有所松动。如果郑州这次出台的救市政策没有受到阻力，未来就会有很多弱二线城市跟进，它具有信号作用。

对房地产走势的分析

眼下政府不想让房地产波动太剧烈，不想看到房价下跌。但放松措施本身是一把双刃剑。这个市场不是那么好控制的，现在还看不到房地产市场真正的拐点。但政策信号已经明了，到底能不能稳住购房者的信心，最终还要看政策的力度够不够，能否扭转人们的预期。

虽然政策已明朗，调控政策会放松，房贷利率也会下降，但房价下降了吗？是否符合投资者的预期？所以，买房者一定要判断形势，把握好机会。谨慎对待自己手中的钱。

断供潮来了吗？

中国最大的网络拍卖平台显示，截至2022年1月，全国法拍房共160万套，比2021年增加30万套，是2017年的180倍。面对这些令人心惊的数字，我们不禁要问，断供潮真的来了吗？

住房和城乡建设部统计推算，2022年我国有各类商品房大约2.45亿套，160万套的法拍房只占总数的0.65%，不到1%，远远谈不上断供潮。为何2022年1月网络平台上法拍房会增长迅猛呢？有以下几点原因。

第一，拍卖方式变化。法院拍卖与网络零售不同，它不仅体量大，且涉及众多法律事件。在网络上拍卖一所房屋，其难度远远大于卖一箱牛奶、一双球鞋等。所以法拍房线上化起步晚，2017年以后才算步入增长快车道。新冠病毒感染疫情以来，线下法拍大量转移至线上，所以2022年网络平台的法拍房数量是2017年的180倍，但这不能说明法拍房总量激增。

第二，炒房客选择断供。2017年以来，多个热点城市推出限购令或限售令。限购令使市场需求减少，房价涨不起来，前期非理性上涨的地区有所下降。河北燕郊房价从每平方米4万元回到了2万元，炒房客即使能把房子卖掉也卖不上价，甚至可能比断供亏得还多。对楼市绝望的炒房客只好选择断供。也有部分刚需购房人选择断供，他们有的被炒房客害了，有的则是工作出现了变动。

那么，断供会带来什么影响？

以燕郊某断供者为例，2017年以总价426万元、贷款298万元、月供1.68万元买下一套140平方米的房产，2021年因无力还贷选择断供，7个月后被银行起诉，这时他才知道，他4年还的80万元中，只有16万元是本金，还欠银行本金282万元，同时他还要承担罚息、律师费等共计19万元的费用，合在一起欠银行共 300 多万元。他为什么选择断供，而不干脆申请破产呢？目前深圳正在试行个人破产法，如果他在深圳是可以申请个人破产保护的。但审核条件十分严格，即便申请通过，他也会被列入失信人名单，乘飞机、坐高铁、买车等都会受到限制。

所以，买房断供不会一了百了，还会让你承担更多损失，甚至严重影响日后的生活，不到万不得已，千万不要断供。

这里提醒每个贷款买房的人，在申请贷款时一定要想好自己的偿还能力，否则会"赔了夫人又折兵"，得不偿失。

买房谨防变成负资产

从 2021 年起，环京地区的几个城市房价一直在跌。有卖二手房的免费送房，接手人只要承担剩余贷款。售楼处在降价促销，每平方米降到 8 000 元，买房赠送停车位。这么大的优惠人们都在观望。据说，有位男士在 2017 年用 190 万元买房，跌了 50 万元，现价 140 万元，这让他不知如何是好。

我们看看，环京地区的房价是如何涨上去的。2014—2015 年的房价是 7 000~8 000 元/平方米，2016—2017 年的房价飙升到 2.4 万元/平方米。受京津冀计划的利好影响，人们憧憬着离北京近的城市房价会上涨，于是大量炒房资金流向房地产，导致那里的房价飙升。

环京地区的房价为何下跌？2017 年 3 月，我国政府开始对楼市进行严格调控，那里的房价下降了 4 年，有些项目价格回到了原点每平方米 8 000 元左右。现在房价为何下跌？因为房子供给多，卖房人越来越多，房地产企业想卖房，炒房客想卖房，投资者想卖房，大家都一窝蜂地卖房。买房人心想：也许明天房价会更低。于是大家都在持币观望，这导致房价越卖越低，卖房者都想尽快把房子卖出去，把烫手的山芋转出去。这里房价下跌不是一家公司，而是普遍现象。

综合分析看，很多人投资房产都是非理性的，他们买涨不买跌，越涨越买，越跌越不买。于是，这里的房价涨也涨过头，跌也会跌过头。由此出现了负资产。

什么是负资产？举例来说，有人花 200 万元买房，首付 40 万元，银行贷款 160 万元，房价跌到 100 万元，卖出房产后还欠银行 60 万元，自己亏掉了首付，欠银行的 60 万元就是他的负资产。

所以，人们在买房时一定要看自己是否有还款能力，能不能扛过一个经济周期。当失业没工作时，房贷还得上吗？当房价下跌时,我能扛多久?

目前房价向下,这是挤泡沫的过程,它有利于房地产市场的健康发展,但对买房、卖房、炒房、建房的人来说,却是一个痛苦的过程。环京地区房价下跌,刚需买房的人不用难过,房子是用来住的,价格高低都要住,考虑到通货膨胀,总比放着钱要好;对投资房产者来说,注意别在高点接盘;对炒房客来说,靠炒房赚钱的时代已过去,要好自为之。房价已逼近低点,房地产企业要看清大势,房子不是总能让人赚钱,也不会让人一赔到底。

我国房价谁说了算

2022年,各地政府都在出台利好政策,放松对楼市的限制,但人们不再抢着买房了,刚需者也不敢买了。对楼市走势我们该怎么看?我国房价谁说了算?

我国房价下跌,谁最紧张?

最紧张的有地方政府、商业银行、房地产商、贷款买房者等。地方政府担心房价下跌,土地卖不出去了;商业银行担心开发商和购房者的房贷还不上；贷款买房者担心负资产。如果房地产出问题，那就是全社会的大问题。房地产牵一发而动全身。土地出让金是地方政府和中央政府财政收入的一部分。房地产上连银行，下连建筑商，还有房产的生产和销售，更连着普通百姓的住房。建房需要钢材、木材、水泥、家装、家电、家具等。

买房和卖房是一种市场行为，房价有涨就有跌。但中国房地产市场特别奇怪，涨了很多年，给普通人留下的印象是：买了房就会涨，不买房就吃亏了。过去我国房地产很任性，就像一匹脱缰的野马，房价停不下来。但现在怎样刺激都起不来。究竟是房价过高，还是购房者信心不在了？

地方政府最不希望房价下跌，却又挡不住房价向下

有人说，如果没有政府对房价的干预，我国房地产泡沫早就破了。其实，政府干预只是延迟了泡沫破裂的时间，但改变不了方向。任何东西价格涨过了头都会跌回来，只是时间早晚的问题，反之亦然。

有人问，房价是政府调控好，还是让市场自由波动好？应该说，房地产市场有一只"看不见的手"，是价格机制在起作用。当房子供不应求时，买房人多，卖房人少，房价就会上涨；当房子供过于求时，卖房人多，买房人少，房价就会下跌。政府调控只能短期影响房价，但不能决定房价。房价究竟谁说了算？是买卖双方说了算，供求决定价格。房价便宜了，有人买，房价贵了，有人卖。这就是市场经济，房价最终由供求决定。

买涨不买跌

经济学上所说的需求，是指有支付能力的需求，在中国想买房的人很多，但有没有钱才是买房的关键。眼下房价下跌，是人们没钱买房，不看好房价走势不敢买，还是想等房价再跌点儿再买？买房人的心理是买涨不买跌。房价越涨越追，越跌越不买。这已被国外实践证明，2007年美国"次贷危机"引发的房地产泡沫破裂就是例证。眼下我国政府要做的就是通过各种手段改变人们对房地产的预期，让人们看到希望，这样才有可能救市。

为了让房价稳下来，地方政府出台了很多政策，现在看来有困难。因为当人们形成一致预期时，不管怎么刺激他们都不会心动，也不会投资。如果担心明天房价会跌得更多，今天人们就不会买房，也不会投资。谁不怕自己的钱遭受损失？这就是我国房地产的现状。当房价跌到一定程度的时候，有人就会接盘，因为买房变得合适了。

房地产泡沫破了谁买单？

（1）我国居民财富70%都在房产上，房价下跌直接影响居民的财产性收入。还有贷款买房者，房价下跌还不上银行贷款，就会变成负资产。

（2）银行买单。房地产商卖不出房子，欠银行的钱还不上，这笔钱就变成银行的呆坏账，银行利润减少，金融系统就会出现风险。

（3）地方财政40%以上靠卖地收入。卖不出房子，土地出让金减少，地方财政难以为继。

（4）卖不出房子，房地产商不敢拿地，不敢建房。消化房产库存需要时间。

（5）房地产是我国一大支柱行业，房地产一旦出了问题，失业问题就会更大。

基于以上这些，我国政府对楼市进行了严格的宏观调控，不让投机者炒房，就是不让房地产泡沫破裂，防止出现金融风险。现在我国房价这么低，贷款条件这么好，人们怎么不买了？核心问题是预期不好，所以，改变预期是政府的当务之急。

房子卖不动，为什么还限购？

2022年5月，南京放开"二手房限购"政策，两小时后消息被删除；同月，武汉经开区发文全面取消限购政策，一天后消息就从官方微博上消失。之后苏州、青岛也经历了一次放松限购"一日游"。很多人不解，当下房子这么难卖，贷款利率一降再降都没人买，为何政府还要小心翼翼地限购？

2022年一季度，全国已有60多个城市放松限购，以三线、四线城市为主，全国三线、四线、五线城市大多解除了限购和限贷政策。二线城市也在逐步放开，如福州、沈阳、大连、宁波、佛山、东莞等很多城市都在分轮分次放开，每次放开几个区，就像剥洋葱一样，一层一层地。但为何南京、武汉、苏州和青岛的放开限购会受阻？

有人说，就目前二线城市放开限购的效果看，成交量并没有什么起色，房价照样跌。一些热门城市继续放开限购，如果卖不动，那就会严重影响国民对楼市的信心。所以，对一些热门城市来说，"限购"两个字不能轻易撕掉，只要不撕掉，人们对这座城市楼市的信心就还在，对中国房地产的信心就还在。

真是这样吗？房子能否卖出去，究竟由什么决定？答案是价格。假如北京房价跌到每平方米1万元，你买不买？你借钱也要买。房价由什么决定？答案是供求。供不应求，房价涨，供过于求，房价跌。我国房子当下供过于求，房价一降再降也阻止不了房价下跌，顶多只能让房价跌得慢一点儿。

我们来看城市，一线城市和部分新一线、强二线城市的房子，随着人口流入仍然供不应求；而普通二线和三线、四线、五线的房子，随着人口流出普遍供过于求。这也是小城市的房子"鹤岗化"，大城市的房子"香港化"的原因。

"限购"扮演着什么角色？顾名思义，限制购买就是调节需求。

三线、四线、五线城市为何可以放开限购？因为房子供过于求，卖不出去，再限购等于继续压制需求，更卖不动了。

强二线和新一线城市，为何放开限购要小心翼翼？因为有些城市的房子仍然供不应求，很多人都跃跃欲试准备买房，但限购不让买。如果不这么做，资金会大量流入该城市，其他城市的房子更卖不动了，财政会更困难。如果北上广深和新一线、强二线城市全部放开限购，其他城市的房子还怎么卖，谁来接盘？没有了卖地收入，这些城市的地方财政又该怎么办？从全国一盘棋考虑，这是谨慎放开限购的根本原因。

如果大城市放开限购，有可能让炒房者死灰复燃，非理性地推高房价。中国的人口流动远未结束，未来还有很多年轻人要到强二线、新一线城市购买刚需房，房子是用来住的，而不是用来炒的，这个红线不能逾越。

房子卖不动，为什么还限购？因为限购的是很多城市"卖得动"的房子，而放开限购是从全国一盘棋考虑，就是让卖不动的房子也能卖得动。

买房该注意什么？

那么，刚需一族在买房的过程中该注意哪些问题？

第一，现房远比期房好。什么是现房？现房是已盖好，可以去现场看房，当时就可以买下的房子。期房是还没盖好，先交钱，几年后才能拿到的房子。如果买房时有现房和期房供选择，你该怎么选？建议是：有条件一定选现房，尽量别选期房。为什么？一般期房在预售时，开发商会给你看一个样板间。样板间你很满意。但等收房时，无论开发商把房子盖成什么样，你都只能照单全收。如果你买的期房是一个烂尾楼，开发商没钱继续盖楼跑路了，房子的交付就会遥遥无期。期房的不确定性太大，如果你买的是品牌地产商盖的房子可能会好点儿，它们往往不会因为一个项目做砸了而影响后面的项目。

第二，贷款远比现金好。买房为何要贷款？有人说，等我存好钱后再买房不行吗？靠你的工资，无论怎么存钱都买不起房。因为工资上涨速度赶不上房价上涨的速度。中国很多人一直是存钱买房，可一直没买上房子，因为通货膨胀。

货币是一国政府印的，不够了可以加印。土地不够不能加印，资源不够不能加印，房产不够也不能加印。买房可以不升值，但它能跑赢通货膨胀。所以，买房找银行贷款是合适的，贷款利率就是那年的通胀率。用今天的钱还昨天的贷款是合适的。但贷款买房一定要考虑自己的还款能力。

第三，早买比晚买好。20年前，如果你有10万元，以什么方式保留到今天最划算？是存款、买电视冰箱，还是买汽车？很显然这些方式都赔了。钱在贬值，房子可以保值。房子是一种特殊商品，可以居住，可以出租，还可以抗通胀。如果你有钱，房子早买比晚买好。

总结一下，现房远比期房好，因为看得见；贷款远比现金好，可以防通胀；早买远比晚买好，因为工资追不上房价。

大城市香港化，小城市鹤岗化

在中国，香港曾是洋气的代名词，现在也是国际化最充分、房价最高的超级城市之一。而鹤岗，这座黑龙江东北部的小城，曾被称作"东北煤都"，现在却成了衰退型城市，其房子现在是白菜价。那里遍地都是几百元一平方米的二手房，谁能拿出 5 万元，房子可以随便挑。现在我国越来越多的大城市开始香港化，而数不清的小城市开始鹤岗化。

我国大城市香港化体现在很多方面，比如国际化、人才引进、发展金融业等。

香港房价冠绝全球，每套均价 900 万元。香港的普通住宅很小，20~30 平方米的房子比比皆是，有的不足 20 平方米，被称为"纳米楼"。

现在，内地一线城市也出现了香港这种趋势。广州有 65 平方米的 3 室 2 厅；北京、上海有不足 20 平方米的公寓；深圳近日推出了一个保障性住房设计竞赛，要求设计的户型最小仅 12 平方米，还要有床、桌子和独立的卫浴。

出现这些小户型的原因是，现在有太多只能租房的年轻人，仅北上广深就有超过 4 000 万人租房，深圳的租房率高达 77%。如果能拥有一套自己的住房，哪怕只有 20 平方米也能安心。

再来看我国的小城市鹤岗化，主要是人口外流和房价低迷。

根据第七次全国人口普查的数据，2010—2020年，我国有8座城市人口减少了100万，有15座城市人口减少了1/5，最严重的是吉林四平，10年间人口减少46%。东三省、山西、内蒙古、甘肃的人口在净减少。东三省只剩沈阳、长春、大连这三座城市人口在净增长。

对房价来说，地处偏远、经济落后的城市前景黯淡，但令人意外的是，经济发达地区的小城市，房子也开始鹤岗化。比如，大湾区的肇庆和韶关，合肥旁边的淮南，那里的二手房出现了总价不足10万元的情况。更严重的是环京地区，房价在上一轮暴涨后开始了暴跌，跌幅高达60%，每平方米五六千元的比比皆是。

这是为什么？本质上，还是人口流动导致的。大城市有更好的就业机会、教育医疗条件，尤其是在高铁普及后，人员的城际、省际流动越来越方便，小城市的人流向大城市。这符合发展规律，比如2021年，东京、大阪、名古屋三大都市圈居住了日本75%以上的人口，日本9成以上的大型企业也位于那里。而其他城市渐渐成了空城，有日本学者推算，到2030年日本会有近900个消亡城市。

大城市香港化、小城市鹤岗化。大城市适合打拼，却压力巨大，一房难求；小城市生活成本低，但没有事业发展的空间。对我们来说，选择去哪里工作，就等于选择了哪种人生。

金融危机时，持有现金还是持有房产？

从过去几十年的情况看，大概每10年全球就会发生一次金融危机。在金融危机发生时，很多人都在纠结，到底是持有房产，还是持有现金？

先来了解一下金融危机发生的基本规律。金融危机本质上属于流动性危机，流动性紧缺造成银行、信贷、货币、大宗商品等各种危机。比如，2008年金融危机主要是由房地产泡沫导致债务违约引起的。之前美国连续多年低利率，刺激居民贷款买房，不断加杠杆，房价水涨船高。之后央行连续加息，增加了购房压力和成本。买房人还不上贷款开始断供，抛售潮加剧了房价下跌，形成恶性循环，导致美国金融危机的发生。当危机发生时，风险资产遭到抛售，大量资金流向避险资产，导致市场流动性紧缺，造成恐慌，进而加剧抛售。所以，在金融危机发生时，持有现金至关重要。

第一，拥有现金，可以避免现金链断裂。在金融危机发生时，银行会收紧信贷，从银行借钱的难度变大，贷款人有可能面临银行收回信贷的风险。无法从银行借到钱，资金链就会断裂。资金链一旦断裂，房贷还不上、员工的工资发不出，就会很危险，所以手里要有现金。

第二，拥有现金，可以趁金融危机抄底。金融危机都会伴随着资产暴跌，各国推出宽松的财政和货币政策救市，刺激经济发展。市场流动性一旦增加，社会投资恢复，资产价格就会逐渐增长，在价格暴跌时抄底，就可以获得丰厚的利润。

例如，2020年新冠病毒感染疫情发生后，全球经济受到影响，资产价格在短期内先是迅速暴跌，紧接着，多国推出宽松的货币政策，市场流动性迅速增加。从2020年下半年开始，股市、基金、期货、矿产品、原材料等价格都出现大幅增长，在那时抄底，基本上能获得50%甚至100%以上的收益率。

当知道手持现金的重要性后，你有房产要抛售吗？

首先，如果你只有一套房产，是拿来住的，建议你留着。房价下跌对你来说没有太大的影响，不管房价高低，你都得有房住。

其次，假如你投资了多套房产，可择机出手。持有多套房产的人可以在金融危机前卖出，在金融危机后买入。金融危机中最恐慌的时候，也许就是抄底的最佳时机。假如你在金融危机前期出售资产，持有现金的优势就体现出来了，因为危机后股票、房子、各类刚需资产的价格都下跌了。

高位套现，低位买进，说起来很轻松，实际操作却非常困难，需要精准预测高点和低点，稍有不慎就会损失惨重。如果对趋势不能做出准确的判断，那么你还是不动为好。

总结一下，当金融危机来临时，无论是房子还是现金，都存在很大的风险，持有现金最为关键。金融危机来临，并不是某一类资产缩水，而是所有资产都在缩水。作为普通人，你不能改变大势，但可以改变自己，任何危机都潜藏着机会。

谁该为烂尾楼买单？

2022年，买房人因为烂尾楼拒不还银行贷款，这事闹得沸沸扬扬。钱交上去了，却拿不到房，每月还得还银行贷款，买房人不干了。究竟谁该为烂尾楼买单？

烂尾楼是指房子没封顶，各项基础设施都没建好，里面不能住人，不能交付使用的楼盘。但银行要求按揭人必须按月还贷，由此产生了纠纷。何谓期房？买房人和开发商签订购房合同，先交几年钱，之后拿房，所以这也叫预售房。购房者钱不够，可以找银行按揭，跟银行签一个借款合同。银行把钱贷给买房人，买房人陆续还上这笔钱。但现在，开发商建的房子变成烂尾楼，不再施工或者停工了，房子不能按时交付。

这事谁受益了？银行把业主贷款的钱给了开发商，这笔钱是买房者的债务。首先受益的是房地产开发商。其次受益的是银行，银行可以旱涝保收，出了问题，银行找贷款买房人追债。此外，购房者没有得到房子，每月还得还钱给银行，买房人觉得吃亏了。

烂尾楼是谁的责任？

第一，开发商有责任。开发商拿到钱没有建好房子，出现烂尾楼，就该因违约受到惩罚。第二，银行有责任。开发商找银行贷款是有抵押品的。抵押土地可以拍卖，用来还上买房人的钱。第三，监管部门有责任。一个地产项目可以预售，必须五证齐全，抵押给银行才能获得房贷，专款专用，银行没有监管好资金的用途，那么政府监管部门的责任哪去了？

如果是开发商资金链紧张，导致烂尾楼出现，银行该考虑在风险可控的条件下给企业提供流动性，而不是一味卡死。否则烂尾现象会更加严重。开发商也不可以一跑了之，用破产来解决问题，要知道这些开发商在银行是有抵押的，是要受到惩罚的。

贷款买房者为自己争取权益，一定要在法律层面上遵守合同。烂尾楼对买房者是个体损失，但每个人都要为自己的投资行为负责任。

人们最喜欢听到买单的是开发商、银行、政府，这会让人感到皆大欢喜。殊不知，让开发商买单，它可能会破产；让银行和政府买单，就是让全国人民共同买单。为什么这样说？因为银行的钱是储户的钱，政府买单就会引发通货膨胀，而通胀就是让全国人民买单。

但大多数人既没有买房，也没有炒股，什么都没做，为何要让他们买单？这对他们公平吗？谁有责任就处理谁，惩罚谁。开发商、购房者、银行、监管部门、地方政府都应当各担其责。

房贷要不要提前还？

在多个社交平台上，年轻人"提前还房贷"成了热议话题，很多人还分享了提前还房贷的经历。在他们看来，提前还贷可以节省大笔利息。但也有人认为，在通货膨胀下，未来还贷压力会越来越小的，所以提前还贷就是给银行"白送钱"，是短视行为。

为何现在年轻人选择提前还房贷？

首先，房价普涨情况不存在了。2022年一季度，全国平均房价为每平方米9 552元，与2021年全年的10 141元相比下滑了5.8%。数据显示，4月住房贷款减少605亿元，同比少增4 022亿元。现在的房价已没法和过去相比。之前是一线城市暴涨，新一线和省会城市隔几年就会加倍，但现在，一线城市核心位置的房子依旧有价值，但绝大多数人依然买不起，三线、四线城市便宜了，又没有多少人敢去买。楼市涨价的预期被打掉了，买房人少了；一些投资者得不到满足，也不会轻易出手；之前买房的人开始权衡贷款成本，提前还贷。

其次，金融市场风险较大。2022年股市大幅波动，很多投资者损失惨重，亏损20%是正常的，亏损50%也不少见。就连一向保本的银行理财都开始亏损了，投资者想存银行，但银行下调了存款利率，收益率想超过4%都难。银行房贷利率大部分都超过5%，既然如此，为何不把手里的钱拿来还房贷呢？少付银行利息，相当于赚了。

基于以上两个短期现实情况，提前还房贷也是对的。但如果你有闲钱，还在观望，或者无法提前还贷，也不要觉得自己吃亏了。刚才说的两点都基于当前处于经济周期底部的情况，是由人们的恐慌情绪和对未来预期的不确定性导致的，但疫情终究会远去，经济也会恢复常态。

目前，房贷可以贷30年，这是普通人能贷到的最长时间的大额低息贷款。试想一下，30年前你买一套房，那时月供1 000元都可能压力巨大，但现在呢？1 000元在一线城市的市中心就是和朋友吃几顿饭的钱。30年的变化是你的收入增长了不少，但钱也极大地贬值了。

也有人说，未来钱也会贬值，但房产未必会升值，甚至现在房产已经开始贬值了。这里需要考虑的是，在钱和房子都贬值的情况下，哪个贬值更多？明白了这些，就能理解现在没提前还贷的人也不会吃亏。尤其是一些人买房用的是公积金贷款，大部分城市公积金贷款的利率都比较低。从长期看，这一投资更值钱。

面对短期的不确定性，手里有一些闲钱，选择提前还房贷或者还部分房贷是可以的。如果从30年的长周期来看，当下的经济寒冬是暂时的，保持充足的现金流，等待黎明的到来，那时再做选择也不晚。

第 8 章 如何度过经济寒冬

政府救市，可以发钱吗？

为了稳住经济大盘，2022年5月，政府准备拿出12万亿元刺激经济，其中很多项刺激措施都相当全面。但政府是否想过，用直接发钱的方式也能刺激中国经济。

政府发钱是刺激投资好，还是刺激消费好？如果拿钱刺激投资，会达到效率最大化；如果直接给国人发钱，会达到效用最大化。刺激消费也可以带动投资，带动经济发展。

怎样救市见效快？用基建拉动需要的时间链条太长，给老百姓直接发钱，人们拿到钱就可以去消费，这个拉动作用迅速且实惠。直接发钱马上就能拉动经济，这里有一个经济学原理：一个人的消费，构成了别人的收入，循环往复下去，花出去的100元最后变成1 000元，这是消费乘数原理。

政府应该直接发钱给谁？应该发给低收入者，下岗失业者，这笔钱发给他们能达到效用最大化。经济学里有边际消费和边际储蓄的概念，给低收入者一元钱花了，给高收入者一元钱存了，前者是边际消费，后者是边际储蓄。这钱究竟该发给谁？当然应该发给最需要的人，这样效用才能达到最大化。可是由于无法分出谁是穷人，谁是富人，世界各国在发钱刺激经济时，无论穷富都发。

有人担心，直接发钱国人不花存起来怎么办？政府也可发放消费券，让人们去购物。政府的钱取之于民而用之于民。发钱对拉动经济的效果最直接。

需要测算一下，我国的消费乘数有多大。如果乘数是3，发出1万亿元，会带来3万亿元的消费，发出2万亿元，会带来6万亿元的消费。让大家花钱，经济增长就有希望了。我国现在问题是消费不足，供给过剩。因此，刺激消费很重要。

美国救市用的就是这一招儿，2020年给每个国民发1 200美元，2021年发了2 000美元，让人们花钱，经济就拉动了。我国新冠病毒感染疫情防控取得了巨大成就，如果再把经济搞上去，用直接发钱或消费券的方式解决消费问题，拉动经济，最后受益的是国人和整个中国经济。

回顾一下历史，20世纪末我国经济形势不好，国企转制带来一大波下岗潮。经济很冷，政府先拿出几千亿元刺激投资，想用四两拨千斤，结果四两花了，千斤没出来；又拿出 1 000 亿元给公务员加薪，发现大家把 1 000 亿元存起来不花。最后政府说："我国生产过剩了，生产出来的东西放在库房里，压着银行的贷款，工人都不用生产，放假回家吧。"

2000 年五一劳动节放了长假，没想到国人都外出旅游了。可见，不是国人不花钱，而是国人没时间花钱。从此以后我们开始放长假，于是有了后来五一和国庆的长假。这就是我国"假日经济"的由来。现在我国消费不足，也许不是国人不愿意花钱，而是国人没钱花了。政府直接发钱具有强制消费的作用，百姓又何乐而不为。

最近，看到我国某大城市推出多项刺激经济的计划，其中就有买一辆车补贴 2 万元，买一个电器补贴 2 000 元，这个刺激政策虽好，但很多人没有钱买车，也没钱买电器。这些人拿不到政府补贴，这公平吗？政府负责公平，市场保证效率。

眼下我国有那么多人失业，政府可以考虑发放失业救济金。每人一个月发 1 000 元够吃饭就行，有人担心这样会养懒汉，其实，在国外人们都不愿领救济金，都希望有工作。暂时找不到工作的人，政府该负起责任。政府解决的是再分配。我国经济发展这么快，是为了让国民富裕起来，这是我国共同富裕的目的。

国家为何要救汽车行业

在汽车行业供需两弱的局面下，一场从中央到地方的救市已经开始。

2022年5月23日，高层会议决定，阶段性减征部分乘用车购置税600亿元，决定从6月1日起到2022年底，对单车价格（不含增值税）不超30万元的2.0升及以下排量乘用车，减半征收车辆购置税。之前汽车购置税为10%，减半征收即购置税降为5%。以一辆单价10万元（不含增值税）的车为例，购置税由1万元降低为5 000元，可节省5 000元。此外，各地还接连出台汽车补贴政策，不仅对新购车、旧车置换给予真金白银的补贴，全国还全面取消符合国五排放标准的二手车限迁。这意味着二手车流通的范围更大了。

国家为何要下大力气促进汽车消费？因为汽车行业是我国经济的支柱型产业。据统计，2022年汽车类零售额占整个社会消费品零售总额的10.4%，占GDP比重超过4%。如果考虑汽车产业上下游拉动的钢铁、机械制造、能源、金融等行业，汽车及其相关产业估算占GDP比重在15%以上，对带动就业意义重大。根据商务部数据，一个汽车产业岗位至少可以带动相关产业 7 个就业岗位，每卖出一辆车可以拉动近百人的就业。所以，汽车工业有工业制造业的皇冠之称。衡量一国制造业是否强大，汽车工业是最重要的指标。汽车工业的产业链门槛相对更低，更利于中小企业进入该行业，带动经济发展。

2022 年以来，受外部因素的冲击，全国汽车产业面临前所未有的压力。尤其是 3 月以来，吉林、上海等汽车工业重镇受到影响，相继停工停产，随之引发的供应链危机迅速蔓延至全国。4 月，我国汽车销量同比、环比呈现腰斩态势，销量跌破 120 万辆，为近 10 年来同期月度新低，其中商用车销量同比下降 60.61%。面对这种状况，各级政府出台了一系列政策促进汽车消费，影响的不只是销量和利润，而是整个国家的经济和社会稳定。

如此大规模救市，上一次是 2008 年。当时国家层面也推出了购置税减征和汽车下乡政策，2009 年乘用车销量突破千万辆，达到 1 033 万辆，同比增长 53%，超越美国成为全球最大的汽车市场。2022 年虽然政策力度更大，但受外部因素影响，很多行业受到波及，很多人收入下降，加上 2022 年油价不断上涨，新能源车的价格不断上涨，可能除了一些刚需消费者，更多的人很难改变观望态度。整体来说，这一轮真金白银的补贴对消费者来说是件好事，也希望在这些利好政策的影响下，作为我国支柱型经济的汽车工业能快速恢复发展。

5家央企巨头从纽交所退市

2022年8月12日，一个重磅消息传来，我国5家央企巨头将从美国纽交所退市，包括中国石油、中国石化、中国铝业、中国人寿、上海石化。这几家公司发布公告，将启动从纽交所退市的程序。中国证券监督管理委员会同时表示，上市和退市都属于资本市场的常态。

我国5家央企为何退市？

首先跟中美两国的现状有很大关系。美国一而再、再而三地违背承诺，挑战中国的核心利益，阻挠中国的发展和统一，中国被迫自卫反击。这5家央企退市是继台海军演后，我国表明强硬态度的又一大信号。

事情是这样的，美国在2021年推出了《外国公司问责法案》，这个法案规定，只要在美国上市的公司就要交出公司的全部底牌。这5家央企是关乎我国经济命脉的公司，如果把底牌和盘托出，美国一旦掌握了其中的关键信息，就可能影响我国的经济和国家安全，所以5家公司主动从美国退市。

其实，从 2022 年 3 月开始，一些中概股就陆续被美国证券交易委员会列入"预摘牌名单"。截至 7 月底，已有 159 家中概股被列入预摘牌名单。不到半年时间，超过半数的中概股都被列入该名单。上面这 5 家公司已在"预摘牌名单"中。现在这 5 家公司宣布从纽交所退市，是一种主动的策略选择，是在为未来更大的不确定性做好准备。

虽然这 5 家公司在美国上市的总市值并不大，但美股上市的中概股总市值约 1.8 万亿美元。如果这些公司都退市，美国投资者的损失将十分惨重，他们可以选择的公司不多了，尤其是有增长潜力的中国绩优股。

早在 2021 年，美国就对我国三大电信运营商中国移动、中国联通、中国电信进行打压，说摘牌就立刻摘牌，没有任何犹豫。这次 5 家公司选择主动出击，就是不想被美国拿捏。

我国在美国上市的企业包括互联网、金融、能源和新能源、资源类的企业，这些公司在行业内都具有一定的代表性，一旦被摘牌影响的不仅仅是企业，很可能是一个行业、一个产业，甚至对我国的资本市场也会造成影响。

央企从美国退市是一个双输结局，一方面中国少了一个良好的融资渠道，另一方面美国也失去了从中国获利的渠道。美国这样做是搬起石头砸自己的脚。中美证券合作这件事，本质上是美国获利更多。现在美国切断了这么好的资金来源，这会造成美国资本市场的信用危机。

目前，已有一半以上的中概股被列入"预摘牌名单"，这已是中美之间的金融战了，是美国对中国打出的又一张牌，美国想在金融上卡死中国，让中国公司在美国的资本市场拿不到融资，但美国投资者也买不到中国股票，不能分享中国公司的红利，也分不到中国经济增长的蛋糕，这是一个双输的结局。

纵观历史，2018年美国发起了贸易战，给我国出口企业加征25%的高关税，至今美国都没有赢。加税让美国国民买单了，导致美国通胀控制不住。若美国一直跟中国过不去，美国的日子也不好过。试问，如果没有中国出口到美国的商品，美国人能如此舒服地活下去吗？产业链断裂会给美国带去什么？在芯片上，美国卡我们；在贸易上，美国征收高关税；在金融上，我国央企带头从美国退市。

美国以为中国企业离了美国资本市场就不能存活，它想错了。我们不在美国的资本市场融资，可以选择在其他资本市场上市融资，但央企退市对美国资本市场是一个巨大的损失。美国不择手段地打压中国，是怕中国强大起来。对美国的卑劣行径我们不得不防，俄罗斯的前车之鉴也让我们不得不吸取教训。

存钱越久，利率越低

钱存在银行越久，利率越低，如此反常的现象在中国金融市场上非常罕见。以前我们去银行存钱，存的时间越长，银行越高兴，给的利率越高。但 2022 年以来，包括工、农、中、建在内的四大国有银行、部分股份制银行和城市商业银行都出现了长期存款利率"倒挂"现象。所谓"倒挂"，就是期限长的存款利率比期限短的利率还低。比如，很多银行 3 年期存款利率为 3.15%，5 年期存款利率仅为 2.75%，这明显是利率倒挂。

为何会出现利率倒挂？

银行主要的盈利方式是吸收储户存款，放贷给需要用钱的企业和个人，赚取利息差。

2022 年国内经济形势面临较大的下行压力，国家鼓励金融机构对实体企业降低融资成本。过去一年来，央行引导 1 年期和 5 年期贷款基准利率多次下降，为此，银行对这些企业的贷款利息有所下调。银行也是企业，也想盈利，贷款利息下降，存款利息也要下降才能盈利。现在出现利率倒挂，就是银行预期未来存款利率还会下降，如果长期存款利率过高，相当于把高成本负债提前锁定，这样银行就赔了。为了降低成本，银行只能降低存款利率。

这也是在引导市场资金预期。现在居民的存款意愿持续上升。根据央行数据，2022年5月人民币存款增加3.04万亿元，同比多增4 750亿元。在存钱人变多的同时，信贷增幅却非常惨淡。2022年1月至5月，企业中长期贷款同比收缩超1万亿元，即同比增幅为-17.5%，表明企业长期借贷投资的意愿较差。存款意愿更高，贷款意愿却在走低，这对银行盈利构成挑战，所以银行选择降低长期存款利率也顺理成章。

此次3年期和5年期存款利率倒挂，加上2022年4月央行确立存款利率市场化机制，再次说明我国利率中长期走低的趋势。这一趋势对普通百姓最直接的影响，一方面是银行理财产品、银行存款及货币基金等固定收益类理财产品的收益率会下降；另一方面，作为百姓贷款的大头，房贷利率也会下降，月供还款金额会随之下降。

从长远看，利率下行，甚至负利率已经出现在很多发达国家，对中国来说负利率可能会迟到，但不会缺席，只是时间早晚的问题。

作为普通老百姓，要在存款观念与投资理财方式上及时转换，在投资理财方面有自己的应对方案，在低利率时代尽量减少自己的损失。

我国利率又降了，钱还存银行吗？

2022年4月，多家银行把2年期、3年期的定期存款年利率分别下调10个基点，从9月15日起，包括六大国有银行在内的多家银行，再次下调多种期限的定期存款利率。其中，3年期存款利率下调15个基点到2.6%，其他期限存款利率下调5~10个基点，已经跌破2%。也就是说，假如你有10万元存款，利率下调后，3年定期存款利息比下调前少赚450元，1年定期存款比下调前少赚100元。至此，银行存款利率已处于最近几十年来的最低水平。

2022年银行为何持续下调存款利率？

银行利率与一国经济增长有关

在经济高速增长期，不管是企业还是个人，赚钱动力足，资金需求量大，供不应求。国家为防止经济过热，会采取紧缩性货币政策。比如，提高基准利率，推高存款利率。反之，当经济处于下行期，钱投到哪儿都不怎么赚钱时，资金需求量减少，供过于求，国家为了刺激经济，会采取宽松的货币政策，降低基准利率，带动存款利率的下降。

2022年受大环境影响,企业投资意愿下降,居民消费意愿偏弱,资本市场反复震荡,更多人将资金转移到存款上,推动了2022年银行存款规模的上升。截至8月末,人民币存款余额约为252.4万亿元,同比增长11.3%,而2022年上半年社会消费品零售总额仅为21万亿元,同比下滑0.7%。居民的钱躺在银行里睡大觉,显然不利于经济发展,于是国家通过下调存款利率,让这些钱进入市场,去投资、去消费,以带动经济发展。

与政策导向有关

从2022年4月开始,我国建立了存款利率市场化调节机制,也就是未来银行存款利率要参考10年期国债利率和1年期LPR(贷款市场报价利率)情况。数据显示,2022年9月,10年期国债收益率为2.6%,同比增长率为-8.4%。1年期LPR于8月22日下调5个基点至3.65%。当两者都开始下降时,存款利率下降就不足为奇了。另外,2022年受国内外大环境影响,我国经济受到不小的冲击。国家多次强调,金融机构要支持实体经济发展,刺激更多消费,至于银行,就得降低实体经济的融资成本,也就是降低贷款利率。目前银行的赚钱模式就是赚取存款利息与贷款利息之间的利息差,如果想让银行的贷款利率进一步下降，就要适当降低存款成本，降低银行负债成本，这是银行存款利率下调的目的。

未来我国存款利率会继续下降吗？还有必要继续把钱存在银行吗？

从长期看，存款利率大概率还会下降。从发达国家看，利率水平会随着经济增速的放缓而下降。而存款利率下降，存款客户最直观的感受就是，从银行拿到的利息变少了。至于是否继续把钱存在银行，要根据自己的实际情况判断。首先，政策调整前的客户不用担心，因为这次利率调整针对的是 2022 年 9 月 15 日之后的新增存款，2022 年 9 月 15 日之前办理的存款仍按照原来的利率执行。其次，新增存款客户如果可承受风险较小，那就将其中一部分资金存入银行，虽然利率低但是安全。另一部分资金可以投资货币基金、纯债基金等产品，这类产品风险较低，收益性与流动性与银行存款相似。如果可承受风险较高，那就适当增加股票等权益类资产的配置比例。未来我国金融改革的方向会从目前的间接融资向直接融资转变，国家会大力发展资本市场。

总之，2022 年我国存款利率不断下行，是为了刺激经济，普通存款客户的利益会受损，至于是否继续把钱存进银行，一定要结合自己的实际情况去判断。

银行为何会变得反常

2022年以来银行有多反常？平时总催着人们还款，最近银行求着人们别提前还款。银行有延长预约时间的，有升级应用的，有贷款者申请1个月没通过的，甚至有的银行一度在官网上发文说，如果提前还款，不管已经还了多少年，都得赔偿1%的违约金。

另一点反常是，以前银行为了资金安全，一直要求抵押房产必须还清贷款才能过户，现在多家银行却开始力推二手房"带押过户"，也就是抵押房产不用还清贷款就可以过户办理新抵押。

这两个反常现象背后藏着的一个事实就是，银行现在很缺钱。银行赚钱最重要的手段是利息差。银行贷款收取的利息高，存款支付的利息低，中间的利息差就是银行赚的钱。但最近银行赚取的利息差越来越少了。

2022年上半年，人民币存款增加了18.82万亿元，贷款增加了13.68万亿元，新增存款高于贷款（多出5万多亿元），这意味着银行需要支出更多的利息，收回更少的利息。

究其原因，一方面是人们收入不稳定，担心哪天还不起月供，房子被法院拍卖，索性一咬牙把房贷提前还了，无债一身轻。没有房贷的人也因大环境不好，不敢贸然投资和过度消费，更倾向于储蓄了。这下银行就尴尬了，人们来存钱，银行不得不收，人们不借钱，银行也不能逼大家借。所以2022年上半年，银行收到的住户存款增加了10.33万亿元，同期住户贷款只增加了2.18万亿元，两者相差8万多亿元。

银行的反常表现，一方面是银行开始耍小机灵，为提前还款增添障碍，这样就能多赚利息；另一方面是银行开始力推二手房带押过户，因为如果银行不允许带押过户，很多人就要提前还贷，再找别的银行做抵押。

除了这点儿小机灵，当下银行真正能做些什么？

短期办法就是降息。一方面降低贷款利率，让个人和企业多贷款。另一方面降低存款利率，不让大家存钱，最近六大行纷纷降息，3年期存款利率下调15个基点，不想让储户存长期，因为这样银行支付的利息会更多。人们不把钱存银行，钱该放哪儿？贷款便宜，但贷了款干什么呢？

长期办法就是一个字"等"。等经济复苏，人们愿意投资了，就不会把钱存银行了，同时他们更愿意找银行借钱，去投资、去创业、去消费。当下银行要先熬住，可适当增加企事业单位贷款，稳住银行利息差，待经济复苏再逐一解套。

地方财政之困

当地方财政没钱了会发生什么？2022年8月，河南某县城公交公司发布通告，因经营困难，公交全部停运，一时间引发热议。第二天该公司又发布了一条恢复运营的通告。为什么会突然停运？相关人员接受采访时说，之所以经营困难，是因为乘车的人少，有关部门承诺的补贴没有发放，司机连续几个月拿不到工资，都是个人在垫付。现在垫付不起了，所以选择停运。

事实上，公交公司的收入来源很少，只有车票、广告费和政府补贴，县城车票1~2元，广告费微不足道，主要靠政府补贴。补贴发不了是因为财政出现困难，能查到最新的数据是2020年的，该县财政收入12.3亿元，支出却高达73亿元。财政自给率约为17%。地方财政之困，河南这个县并不是个例。

例如，全国AAAAA级景区四川乐山大佛。当地为了增加财政收入，把乐山大佛的摆摊权和观光车一次性打包，30年经营权拍卖底价17亿元。还有山东某县，当地交通部门出现罚款"月票"，大货车司机预缴当月罚款后，会拿到一张"月票"，这个月不管如何超高超限，都可享受"畅通无阻"的服务。为了创收，一些交通部门竟然把罚款当成一门生意。

说到这，别以为当下财政之困只是小城市专属。2022年上半年，除了内蒙古、山西、新疆、陕西、江西5个能源大省的财政收入实现了正增长，其他26个省市收入同比都是负增长。另外，2022年上半年，全国31个省市财政盈余都为负，也就是说，财政支出都大于收入，即便是广东、江苏、浙江、上海和福建5个经济发达地区也不例外，由此可见问题的严重性。

2022年地方财政为何如此缺钱？

地方财政收入主要靠四项：税收、非税收入（行政收费、罚没收入等）、卖地收入、转移支付收入。2022年经济本身就不景气，再加上国家大力退税减费，财政收入必然会下滑，但防疫民生支出却在上升。作为地方财政收入大户的卖地收入近一年来也熄火了。数据显示，2022年上半年，国有土地使用权出让收入约2.4万亿元，比上年同期下降31.4%，地方政府不得不勒紧裤腰带过日子。

2022年8月，高层召开了一个6个大省关于经济的座谈会，明确要求广东、江苏、浙江、山东4个省要完成财政上缴任务。其中就提到扩大汽车等大宗消费，支持住房刚性和改善性需求，等等。

其余省份怎么解决财政压力？一方面是要减少开支。两年前，山西一个 12 万人口的小县城开始机构改革，36 个党政机构精简为 22 个，135 名领导干部精简为 114 名，1 964 个事业编制减到 659 个。改革后，县直部门公用经费支出每年减少 1 050 万元，财政供养人员工资福利、"五险一金"等支出每年减少 1.3 亿多元。

另一方面就是扩大收入。

现在房地产掉头向下，地方只能靠发债和中央的转移支付。发债原理和贷款买房一样，提前透支未来的钱，渡过眼前的难关。截至 2022 年 7 月，各地已累计发行新增专项债券 3.47 万亿元，提前半年就用完了全年的额度。另外，2021 年中央对地方转移支付约 8.2 万亿元。2022 年中央对地方转移支付近 9.8 万亿元，是历年来规模最大的一次。政府要过紧日子的时代才刚刚开始，身处其中的公务员，服务于政府会议、培训等的相关企业，以及依靠政府补贴生存的企业，都要做好过冬准备，这注定是一场残酷的时代大洗牌。

警惕罚款冲动

进入 2022 年，老百姓的"违章"突然多了起来。例如，9

月陕西某地商贩"卖 5 斤[①] 芹菜被罚 6.6 万元"。经调查，2021 年 8 月该商贩进了 7 斤芹菜，市场监管部门拿走 2 斤做抽样调查，剩余 5 斤卖了 20 元，一个月后检测报告显示芹菜不合格，该商贩不能提供供货方许可证明及票据，不能如实说明进货来源，最终以涉嫌经营超过食品安全标准限量的食用农产品的行为，被罚款 6.6 万元。还有，黑龙江某地土豆卖 2 元 / 斤被罚款 30 万元。据报道，一个经营部土豆进价 1.2 元 / 斤，售价从 1.4 元 / 斤涨至 2 元 / 斤，执法人员认为该经营部利用其经营规模哄抬物价，拟对经营者的违法行为处以 30 万元罚款。

这两件事引起广泛关注，这么低的菜价，这么高的罚款，这事是真的吗？由此引发人们对执法部门以罚代管、过度处罚的担忧。据财政部数据，2022 年 1 月至 7 月，全国税收收入同比下降 13.8%，但全国非税收入（包含行政罚款等）比上年同期增长 19.9%。

这两年经济下滑，企业收入降低，影响到地方财政收入，再加上卖地收入大幅缩水，地方财政更加紧张，不少地方政府想通过增加罚款为财政创收。从最近公布的 2021 年 111 个地级市罚没收入看，80 个城市罚没收入呈上升态势，占比超过

[①] 1 斤 =500 克。——编者注

72%。其中，有 15 个城市罚没收入同比增长超过 100%。

在减税降费的背景下，一些地方政府热衷于罚款，却没有想到后果。今天为一点儿蝇头小利处罚一家企业，明天这家企业就可能关门了。日积月累，当地的营商环境会越来越差，最后形成恶性循环。政府为了增加收入，罚款越来越多，企业越来越少，直到没有企业可以处罚了，政府收入也就彻底断了。各地政府要算明白这笔账：是放水养鱼还是竭泽而渔？企业只有健康发展，才能保证地方政府财政充裕。

为了整治地方政府的罚款冲动，国家接连出手。2022 年 6 月 28 日，国家发展和改革委员会就提出，要专项整治乱收费、乱罚款、乱摊派等现象。7 月 21 日国家高层会议指出，为了减轻企业和群众的负担，决定取消 29 个罚款事项，用其他方式规范管理。8 月 17 日国家再次明确要求各级政府坚决避免乱罚款，严格禁止以罚款进行创收或作为绩效考核的指标。

要遏制地方政府的罚款冲动，完善相关法律法规非常有必要，也要增加对地方政府的问责力度，避免这股恶习蔓延开来。在加强监管的同时，要正视地方政府的两难处境，财政收入大幅下降，涉及民生的刚性支出又无法缩减。想要从根本上减少罚款冲动，还是得想办法恢复地方经济发展，保护好企业的生产积极性，只有不断创造增量，财政才可以正常运转。

城投债违约潮

最近"城投债"一词火了。原因是 2022 年 8 月 29 日银行间市场清算所发布公告称，未收到兰州城投公司一笔应支付的付息兑付资金，导致无法向投资人兑付利息。好在当晚兰州城投及时支付了利息，最终才被定性为技术性违约，并非实质性违约。看似虚惊一场，但"城投债"却引起了人们的高度关注。据财新报道，2013 年国内城投债余额为 2.1 万亿元，到 2022 年 5 月为 13.74 万亿元，涨了 6 倍多。其中有近 6 万亿元是这两年新增的。兰州城投公司打个"喷嚏"，人们不禁担心，城投公司会像房企那样频频爆雷吗？

城投公司全称是城市建设投资公司，是政府为搞基建专门设立的企业。比如，修路、修桥、修水利这类工作，让坐办公室的公务员去做，他们也不懂，不如专门组建城投公司去做相应的工作，这才更符合效率。

但城投公司大多不具备盈利能力，城市基础建设项目大多关乎国计民生，以公益性为主。城投公司资金来源主要靠政府补贴和自己筹资。筹资方式有两种：一是向银行借钱，二是向市场发行债券。从性质上说，城投公司发行债券属于企业债，安全性低于国债，除非公司盈利能力强，否则不容易筹到钱。但城投债的特殊之处在于，它背后有地方政府撑腰。人们心想，城投公司要是还不了钱，地方政府会拨款替它还，再加上城投债的利息不错，所以人们都愿意买。

为何近年来城投公司的债务越堆越高？一个原因是地方政府口袋没钱了。地方政府收入主要靠什么？除了一、二线城市，国内大部分城市都没有足够的企业缴纳税收，只能靠卖地给地方发展筹集资金，就是土地财政。2001年，我国土地出让收入只有1 300亿元，占地方财政收入的17%。但到了2021年，土地出让收入已经涨到8.7万亿元，占到地方财政收入的78%，可见地方政府对土地财政的高度依赖。但土地财政维系的关键是，一直得有人买房。如果买房的人少了，开发商就会减少买地，政府财政收入就会受影响，对内影响公务员工资，对外影响公共投入。

2022年上半年，土地财政迎来了"拐点"。全国国有土地出让收入2.36万亿元，比上年同期下降了31%。地方财政收入减少，对城投公司的拨款随之减少，这是城投债越堆越高的一个原因。但这只是间接原因，更为关键的原因是"债务转移"。简单说，尽管政府土地卖不出去，但收入预算已经做好了，如果达不到目标，就会影响资金分配，按照约定就得由城投公司接盘。

比如，2021年底，广州黄埔区一块商务用地被黄埔区城投公司以88亿元拿下，但在市场价中，这块地20亿元都很难卖掉。究其原因，也是配合地方政府进行资金周转。城投公司拿地在全国是一个普遍现象。从省级情况来看，2022年第二季度，城投公司拿地比例较高的省份包括江苏、四川、重庆、湖北和湖南，其中江苏高达46%，四川、重庆、湖北也在30%以上。如此高的比例，也能解释为何城投公司的债务跟房地产公司的债务基本上在一个量级。这种趋势愈演愈烈，2022年上半年较2021年提升较多的5个省份，增速都在20%以上。

所以，一边是土地财政难以为继，城投公司得不到"零花钱"；另一边是土地财政难以为继，城投公司不得不帮着地方政府承受债务。这便是当下城投公司债台高筑的原因。

2021年已有31起城投公司非标违约事件发生，说明有越来越多的城投公司还不起债了。而眼下全国13万亿元城投债，有2.24万亿元在2022年后4个月到期，有6.7万亿元将在2023年底到期，形势不可谓不严峻。从法律层面讲，城投债是城投公司发行的债券，以城投公司的财产为限兑付债务，如果无法偿还就只能申请破产，债务随着破产程序被一同消灭。这是最坏的情况，不仅损害债权人利益，更重要的是动摇政府的信誉。

怎样才能避免城投债爆雷？一种方法是靠财政补贴，但这是个悖论，政府有钱就不至于有这么高的城投债了。另一种方法更具操作性，那就是借新债还旧债，发行新的城投债还上到期的城投债，只要不断有人买就不会爆雷。这是用时间换空间，等到经济复苏，地方政府从土地财政之外找到新的收入来源，届时再逐一解套。

中国的突围之路

自2022年8月初以来，中美关系就进入更为紧张的阶段。事实上，回顾过往，美国对中国的遏制已全面打响。尤其是2018年中美贸易战以来，美国在政治上，就涉疆、涉港、涉台、东海、南海等问题对中国妄加指责，联合西方国家抵制北京冬奥会；在金融上，从2022年3月到7月底，超过半数中概股被列入美国证券交易委员会"预摘牌名单"；在供应链上，2022年5月，美国总统提出印太经济框架，想把中国的中低端制造业转移到印度和东盟，联合日本和韩国围堵中国高新科技发展；在科技上，推出《芯片和科学法案》，制定了明确的排斥中国的细则，断供芯片设计必需的EDA（电子设计自动化）工具，打压中国新能源产业发展。这让我们看到，中美对抗已成为常态，这将是一个长期过程，对此我们不要抱任何幻想。

美国对中国全方位打压，觉得中国破坏了现有的游戏规则，使美国利益受损。在美国人眼中，美国是世界头号强国，要引领世界，所以高端科技、高薪行业就该一直被美国垄断。以中国为首的发展中国家就该本分地做好低端制造业，世代给美国和西方国家打工。

中国没有遵守美国的游戏规则，还投入人力、物力、财力，进军高端技术、新能源产业、半导体行业等。上一轮技术革命红利已经到头，面对存量竞争，蛋糕就那么大，世界上高薪工作就那么多，中国人占得多了，美国人自然就占得少了。近几年来，随着技术的进步，在美国的一些工厂中，机器取代了人工，失业率提高。美国其实很害怕自己的中低端制造业会被中国碾压，而在高端科技上，中国又步步紧逼，在一些领域中国已超越美国。对此中国要想继续发展，吃到更大的蛋糕，就必须做好被美国打压遏制的准备。

我国年轻人没有经历过中国被西方全面围堵的情况，现在要做好过紧日子的准备。当下国人对中美关系有两大危险心态：一是认为美国正在衰退，中国可以轻松获胜，但要知道，瘦死的骆驼比马大；二是认为美国就喜欢搞事情，对此我们大可不必太在意，只要做好自己的事就够了。我们说，中美之间的竞争已经白热化，美国基于自己世界强国的优越感，不达目的绝不会收手。

中国如何突围？

第一，做好内循环。所谓内循环不是放弃出口，也不是单纯地"出口转内销"，而是要激活存量，寻找新需求，让消费升级。比如家电下乡、彩电换数字电视、普通洗衣机换自动洗衣机等。未来商品种类会更丰富，可供大家选择的产品会更多，作为企业家要考虑如何在众多产品中脱颖而出。如何做出受大众欢迎的产品。未来产品更要拼质量、拼服务，打铁还需自身硬。

第二，提高对外开放水平。大国的崛起离不开高水平的对外开放，闭关锁国只会让一国更落后。自2009年以来，中国已成为世界货物贸易出口第一大国和进口第二大国。中国开放的大门不会关闭，只会越开越大。近年来，境外金融机构加速布局中国业务，在企业电信市场，国家应主动向全球开放。从2022年起，我国取消乘用车外资股比限制，取消合资企业不超过两家的限制，汽车外资投资将全面开放，等等。其他行业的人要有危机意识，不思改革进取的企业和个人注定会被淘汰。

第三，加快国产替代化。中国要想成功实现产业升级，不再受美国等西方国家的制裁和打压，同时要让高端制造、高新科技、新能源等走向世界赚取更高利润，必然会加快一些"卡脖子"技术的攻关，使之实现国产化。比如芯片、大飞机、高端发动机等，其中任意一项的突破和国产化，都能带来众多的就业岗位。面对中国的突围之路，你准备好了吗？

后记
穿过寒冬拥抱你

在这本书快要完成之际,我被隔离在江西的酒店里。入冬的天气还不算冷,但我已经感到了阵阵寒意。

2022年赶上了天灾,又遭遇了战争。有失业的,下岗的,找不到工作的,还不上房贷的,商铺关门的,老板开网约车的,送外卖的,林林总总。还有老板欠薪的,半年没发工资的,打零工结不到薪水的。总而言之,2022年的日子很难过。没有哪个行业敢说自己是风口,没有哪家企业敢说自己赚了大钱,没有哪个人敢说自己过得逍遥,这就是经济寒冬的表现。目前,各行各业、不同企业、每一个人都有过不去的坎儿,中国经济不景气,世界经济也好不到哪儿去。

先来说说我自己。两年前我转战线上教学,做起了短视频。很多人都觉得平台赚钱容易。殊不知,要想做好一个短视频,让网友都喜欢看,就是使出吃奶的劲儿也未必能行。这是内容为王的时代,也是各路人才辈出的时代。现在流量竞争结束,存量竞争开始了。一个 IP 如果想活下来,就要拥有独门绝技,有源源不断的内容更新,还要能持续不断地提供精神食粮,因为"这个世界没有免费的午餐"。如果你不努力就无法活下去。有人说:"我努力了也活得很难。"我想说:"至少你还有希望。"

我之所以写这样一本书,并不是想制造紧张气氛,我只想思考一个问题:为什么现在全球经济进入了寒冬?这个寒冬是由什么引起的?世界发生了什么?未来将会怎样?我想把这些思考写出来与大家分享,我们该如何度过这个寒冬。

寒冬对每个人都是相同的。也许有人会说,寒冬对他没什么影响。殊不知,当今世界彼此相连,南美洲亚马孙河上的蝴蝶翅膀一扇动,美国就会发生飓风。新冠病毒感染疫情波及全球,谁能摆脱得了;战争导致物价和油价猛涨,人们需要吃饭开车;美国加息,各国经济都出现了问题。谁能说自己没受到影响?通胀来了,你口袋里的钱缩水了;经济不景气,你工作的企业倒闭了;一旦失业,你的房贷就还不上了;等等。对一个国家来说,度过这场寒冬就更难了。

从另一个角度看,寒冬出现未必全是坏事。不经过寒冬,不刺破泡沫，不及时止损，就可能有更大的灾难在等着我们。企业经过裁员、员工通过降薪把不好的趋势扭转过来，瘦身后的企业可以轻装上阵，个人可以提高技能，找到新工作，经济会慢慢好起来。

基于此，我写了这本书，寒冬来了怎么办？我想穿过寒冬拥抱你，把温暖传递给你。让我们抱团取暖，度过这场寒冬，迎接春天的到来。

韩秀云

2022 年 11 月 12 日于江西吉安